16	3	2	13
5	10	11	8
9	6	7	12
4	15	14	1

Boris Schnaiderman

GUERRA
EM SURDINA

5ª edição revista pelo autor
Posfácio de Miriam Chnaiderman

editora■34

EDITORA 34

Editora 34 Ltda.
Rua Hungria, 592 Jardim Europa CEP 01455-000
São Paulo - SP Brasil Tel/Fax (11) 3811-6777 www.editora34.com.br

Copyright © Editora 34 Ltda., 2025
Guerra em surdina © Herdeiros de Boris Schnaiderman, 2025

A FOTOCÓPIA DE QUALQUER FOLHA DESTE LIVRO É ILEGAL E CONFIGURA UMA
APROPRIAÇÃO INDEVIDA DOS DIREITOS INTELECTUAIS E PATRIMONIAIS DO AUTOR.

Fotografias:
Arquivo Boris Schnaiderman

Capa, projeto gráfico e editoração eletrônica:
Franciosi & Malta Produção Gráfica

Digitalização e tratamento das imagens:
Cynthia Cruttenden

Revisão:
Alberto Martins, Beatriz de Freitas Moreira

1ª Edição - 1964 (Civilização Brasileira), 2ª Edição - 1985 (Brasiliense),
3ª Edição - 1995 (Brasiliense), 4ª Edição - 2004 (Cosac Naify),
5ª Edição - 2025

CIP - Brasil. Catalogação-na-Fonte
(Sindicato Nacional dos Editores de Livros, RJ, Brasil)

	Schnaiderman, Boris (1917-2016)
S595g	Guerra em surdina / Boris Schnaiderman; posfácio de Miriam Chnaiderman. — São Paulo: Editora 34, 2025 (5ª Edição).
	288 p.
	ISBN 978-65-5525-245-3
	1. Literatura brasileira. I. Chnaiderman, Miriam. II. Título.

CDD - 869.3B

GUERRA EM SURDINA

Nota do autor à 4ª edição	7
Homens ao mar	11
Guerra em surdina	67
Pecado? Glória?	97
Sem quartel nem compaixão	123
Comércio	129
A escola do soldado	135
Ódio dos homens	139
Trogloditas	145
Preto e branco	153
Frangalhos na neve	157
Reflexão em Silla	161
Assassínio	165
Rei por uma noite	171
A cadeira da italiana	181
Pés frios, coração quente	185
Fora de forma	199
Medo	243
Naufrágio	249
E a paz? Também em surdina?	259
Mapa da FEB na Itália (Primeiro Escalão)	277
Posfácio, *Miriam Chnaiderman*	279
Sobre o autor	287

NOTA DO AUTOR À 4ª EDIÇÃO

A primeira edição deste livro, pela Civilização Brasileira, em 1964, pouco após o golpe, tinha uma capa que afastava os leitores em potencial: representava um soldado tristonho, justamente numa época em que muita gente não queria saber de soldados e caserna. Como estávamos longe do tempo em que se dizia "pracinha", palavra sempre proferida com uma conotação carinhosa, em relação aos combatentes da FEB. Houve duas outras edições pela Brasiliense, em 1985 e 1995. Cada vez que eu preparava o livro para uma edição, introduzia pequenas alterações estilísticas. Agora, porém, fiz alterações um pouco maiores, por considerações de lógica narrativa.[1]

Boris Schnaiderman
junho de 2004

---

[1] A nota acima foi redigida por Boris Schnaiderman para a 4ª edição de *Guerra em surdina* (São Paulo, Cosac Naify, 2004). Em 2016, meses antes de falecer, o autor enviou à Editora 34 uma nova lista de pequenas correções e alterações no texto, que foram incorporadas a esta edição.

À Regina
in memoriam

HOMENS AO MAR

*As nossas baixas foram de sete homens mortos,
dois oficiais e quinze homens feridos, além de
oito homens desaparecidos.*

(De um relatório de campanha)

1

Pálidos, nervosos, abatidos, os homens apinhavam-se no
saguão do Ministério da Guerra. Foram convocados por jornal, ao acaso segundo parecia. Outros da mesma idade continuavam nas ocupações habituais, sabendo da guerra apenas
por vagas notícias, comentando os acontecimentos do mundo como se conversassem de futebol ou da carestia. E os convocados não compreendiam por que a sorte recaíra justamente sobre eles.

Mais rapazes chegavam a cada instante. Colocavam-se
entre a multidão, e a espera prosseguia. Ninguém sabia quanto ia durar aquilo. De quando em quando, um oficial ou sargento abria caminho entre os homens, que se acotovelavam,
empurravam-se, soltando palavrões.

Conversava-se. Fazia-se amizade.

— Pois é, os gringos tão precisando da gente. Nós vamos mesmo.

— Diz que é pra Natal que nós vamos.

— Bobagem. Os gringos querem é carne pra canhão. Em
Natal ficam eles, que não são bobos. Nós é que vamos pra
Europa, pro fogo. Se não, não precisavam chamar a gente.

Faz calor. Os homens suam. E a espera continua. Alguns
já estão ali há mais de três horas.

Um sargento apareceu no umbral de uma porta, deu algumas explicações e começou a ler uma lista de convocados. Os homens chamados dirigiam-se em grupos para a sala designada.

Cada grupo de cinquenta a setenta convocados saiu acompanhado de um soldado cabisbaixo, tomou trem de segunda classe e encaminhou-se para um dos quartéis da Vila Militar.

No quartel, os homens ficaram encostados, isto é, passaram duas a três semanas chegando de manhã e saindo às duas ou três da tarde, sem fazer coisa alguma, conversando, dizendo piadas, esperando que lhes dessem novo destino.

Numa unidade, ao chegarem os convocados, já estava encerrado o expediente; por isso, o oficial de dia achou necessário obrigá-los a pernoitar no quartel. Os homens pálidos e aborrecidos ficaram presos como criminosos. Alguns tentaram sair, mas a sentinela barrou-lhes o caminho.

— Preciso comprar cigarros.

— Não pode.

— Preciso ir ver meu pai.

— Não pode.

— Preciso telefonar.

— Tem telefone público no quartel.

— Mas eu não tenho um quatrocentão dos antigos.

— Paciência, não pode.

Não pode, não pode, não pode!

Mães aflitas, de cabelos brancos, recebiam telefonemas:

— Estou no quartel, não posso sair, mas não se assuste, estou bem, tudo em ordem.

— Quando é que você vem?

— Não sei, provavelmente amanhã.

Angústias vãs, aflições inúteis, revoltas estéreis. Os homens sentiam-se reduzidos à condição de verme, de engrenagem.

2

Os homens foram mandados para exame de saúde. Ficaram descalços e de busto nu, andando de sala em sala da Policlínica Militar. De vez em quando, entravam numa sala, onde eram submetidos a exame sumário.

O médico militar encarregado do Exame Neuropsíquico nem erguia os olhos do papel em que vinham impressas as perguntas que devia fazer.

— Gosta da vida militar?

— Não, senhor.

— Pretende fazer carreira no exército?

— Não, senhor.

— Houve algum louco em sua família?

— Não, senhor.

O médico rabiscava "normal" na ficha e gritava:

— O seguinte!

Os homens continuavam peregrinando pelas salas da Policlínica. Sentiam frio nos pés, resfriavam-se com as correntes de ar.

Numa das salas, outro médico mandava tirar as calças e a cueca, olhava os homens maquinalmente de frente e de trás e rabiscava também "normal" nas fichas.

Exame de urina. Um soldado espadaúdo entregava uma proveta a cada um dos convocados. Os homens iam para o mictório, e os que não conseguiam urinar pediam um pouco de urina aos companheiros.

Devolvida a proveta, o soldado acrescentava à urina um líquido azulado, passava um pouco da mistura para um tubo de ensaio, levantava este à altura dos olhos e rabiscava na ficha: "Albumina — 0, Glucose — 0".

Tirava-se ainda uma radiografia do pulmão e ficava terminado o exame de saúde.

Os convocados vestiam-se e voltavam ao quartel, sem saber coisa alguma sobre o resultado do exame.

3

Depois de duas a três semanas como encostados, os homens eram encaminhados, novamente em grupos, a diferentes quartéis. E ali encontravam portões de ferro, paredões cinzentos, sentinelas, interrogatórios, papelório, fichas, gritos de comando, exercícios estafantes, entremeados de longos períodos de inatividade que deprimia, insultos, rotina.

4

Máquina, engrenagem, porca ou parafuso, eu, João Afonso, também estava entre os convocados. Havia cumprido, um ano atrás, o serviço militar numa Bateria-Quadros, com períodos de instrução quatro vezes por semana, o que me permitira não interromper o curso de Medicina. Em todo caso, o contato com o mundo fardado fora bastante sumário e, agora, eu estava um tanto perplexo com o novo ambiente.

Aquela convocação parecia mesmo destinada a preencher claros de última hora, uma convocação de véspera de embarque. Não se tinha a impressão de que houvesse qualquer espécie de seleção. Era muito variável a idade dos homens chamados, podendo-se dizer o mesmo do seu grau de instrução, condição física, etc.

No Ministério da Guerra, um sargento perguntava aos convocados: "É casado? Tem filhos?". E tal interesse pela família do convocado não prenunciava nada de animador. Passei pelas mesmas esperas enervantes e inúteis, tive o mesmo pernoite imprevisto na unidade em que fiquei encostado. Batíamos papo, olhando o movimento do quartel, puxando prosa com os praças. De noite, arranjaram-nos uns colchões e nos deixaram num alojamento enorme. Acordados, caminhávamos pelas dependências do quartel. Um ordenança passou carregando uma travessa coberta com guardanapo.

— Que é isso, velhinho?

— É para o jantar dos gringos.

Um convocado suspendeu o guardanapo. Apareceram alguns bifes bonitos, suculentos.

— Isto sim é que é pátria, por isso eu daria minha vida. Comer um bife desses e depois morrer!

— Vem cá — replicou outro convocado —, venha ver como eles vivem.

Dirigimo-nos em grupo numeroso para o edifício principal e nos esgueiramos até uma das janelas, procurando não chamar a atenção das sentinelas. Espiando para dentro, vimos um quarto asseado, com duas camas boas, cobertas com mosquiteiros. Nada de especial, em suma. Imagine só, dormindo em cama tão macia, e ainda com mosquiteiro, enquanto somos jogados num canto qualquer, com uns simples colchões sobre o cimento!

Depois que nos afastamos do local, tentei convencer os companheiros de que os americanos eram nossos amigos e aliados, de que íamos lutar juntos pela democracia, pela liberdade de todos os povos. Mas as minhas palavras pareciam ridículas, ali.

Começou então o meu choque com a mentalidade dos que me cercavam. Era uma oposição curiosa: ao contrário do que sucedia na vida civil, as minhas convicções diferentes, as tentativas que eu fazia para persuadir os companheiros, não criaram para mim uma condição de marginalidade. Estávamos muito unidos pelo choque da convocação, éramos demasiado cônscios da nossa situação de vítimas escolhidas ao acaso, para que as nossas convicções opostas pudessem separar-nos.

Alguns procuravam convencer-me de que eu estava errado, outros tratavam-me com ironia complacente. "Vocês foram pedir guerra na avenida, agora aguentem", diziam.

Torna-se um pouco difícil reconstruir as minhas reações da época. Se a convocação constituíra para mim um choque como para os demais, parecera ao mesmo tempo uma espécie de libertação. Eu gostava do meu curso de Medicina, levava em casa uma existência metódica, sem grandes problemas, embora as pequenas coisas da vida de um jovem, amores, questões de sexo, problemas de realização e carreira, aparecessem por vezes transfiguradas e ampliadas por uma tendência excessiva para a introspecção.

Pouco entendia de política, pois uma das características da juventude do meu tempo era um alheamento grande, um enclausuramento mental, uma redução dos interesses aos problemas imediatos e corriqueiros. Mas, ao mesmo tempo, eu via que jovens estavam lutando para modificar semelhante estado de coisas. Tive colegas presos e torturados. Lembro-me de que alguns companheiros de faculdade procuraram interceder por eles, por meio de relações influentes, porém sempre com a ressalva: "A gente precisa ver o que pode fazer pelo colega, mas que absurdo meter-se na política!". Eu tinha a noção de que estava tudo errado, mas já me acostumara a dominar a sensibilidade, que é um perigo em tempo de ditadura. Indo à Polícia Central tratar de algum assunto de rotina, podiam-se ouvir os gritos dos supliciados, pois a ferocidade do regime chegara a ponto de dispensar disfarces. Procurava-se, porém, fingir que não se ouvira nada. Naturalmente, não se passa impune por uma experiência dessas. A aceitação do mundo assume então um cunho de covardia, de aviltamento.

A participação na guerra significava para mim a superação de tudo isso. Era talvez a afirmação da minha personalidade, acima das contingências mesquinhas do momento. Não tivera a coragem de gritar, de protestar, de procurar a luta. Dobrara-me aos problemas da futura profissão, da vida em família, das pequenas coisas do cotidiano. E ao mesmo tempo, ansiava pela minha porção de heroísmo, pela minha própria participação na luta geral, sem que fosse necessário, para isso, tomar pessoalmente uma decisão.

Vira as manifestações de rua, quando se pedira a declaração de guerra ao Eixo, após o afundamento dos nossos navios. Estava "em espírito" com os manifestantes, mas não participara do movimento. Ficara empolgado, mas fora para casa preparar-me para as provas parciais.

No entanto, convocado por uma ordem de cima, vendo satisfeito o meu desejo secreto de ação, tornara-me elemento muito participante. Todos se admiravam do meu entusiasmo. Enquanto os meus companheiros deblateravam contra o governo que os vendera por dólares, para lutar numa guerra com a qual nada tínhamos a ver ("eles são brancos, que se entendam"), eu procurava convencê-los da justeza daquela convocação. Não era fácil. Ia-se lutar pela democracia, mas, para efetivá-lo, sair-se-ia de um país submetido à ditadura. Falava-se em aliados, mas o que os homens do povo viam era o soldado estrangeiro pisando o território da sua pátria, numa condição quase de ocupante, fazendo ressaltar a fartura da sua terra ante a miséria do país ocupado. Democracia e liberdade eram palavras com sentido diverso em minha boca e nos ouvidos dos meus companheiros.

5

Fiquei encostado umas três semanas num regimento da Vila Militar e, depois de me submeter à inspeção de saúde, soube que fora incorporado à força expedicionária.

Um dia, apareceu entre a turba de convocados um oficial de artilharia, que ficou andando e conversando com uns e outros, embora com certa timidez, certa sensação de mal-estar. "Vem escolher a mercadoria", comentava-se. Pouco depois, eu soube que meu destino era uma unidade de artilharia.

Houve uma cerimônia de despedida. O regimento formou num grande campo, vizinho ao quartel. Bandeira ao vento, os soldados de arma ao ombro, e, diante deles, um magote de paisanos pálidos, assustados. Parecia até que a tropa ia fuzilar-nos naquele instante. Ouvimos a preleção habitual sobre os feitos de Osório e Caxias e fomos dispensados, com ordem de apresentação, no dia seguinte, na unidade que nos fora destinada.

6

Enquanto fora dos muros cinzentos a vida corria sem grandes modificações, a nova comunidade que eu encontrara no quartel ia adquirindo características próprias. Não era mais o "velho exército de Caxias": o grande número de convocados acabara por imprimir-lhe outra feição, pois éramos demasiado paisanos e cônscios da diferença entre nós e o homem militar.

Muitos oficiais reagiam a este apaisanamento, fazendo apelo à rigidez dos regulamentos. Sucediam-se os castigos, consistindo sobretudo em determinados períodos no xadrez. A voz autoritária, a ausência de comunicação, a constituição de duas comunidades distintas: a dos que mandam e a dos que obedecem de cabeça baixa, sem saber por que e para que tudo é feito, sopitando a indignação e refreando os movimentos de amor-próprio — assim se manifestava um espírito muito comum então nas casernas. Mais de um convocado chocou-se com esta mentalidade e, não podendo reagir frontalmente, sentiu dentro de si, para o resto da vida, algo humilhado, amesquinhado, poluído. Ao mesmo tempo, no entanto, havia oficiais que, sem abandonar totalmente a rigidez dos regulamentos, procuravam criar certo tipo de comunicação com o mundo dos soldados. Era, contudo, uma comunicação difícil. O soldado formara o seu próprio ambiente em anos de convívio, isolado quer do mundo dos civis, quer dos seus superiores hierárquicos. Acabara constituindo seu próprio linguajar, sua moral e filosofia. E esse mundo parecia impenetrável mesmo para o oficial mais bem-intencionado, que tentasse aproximar-se dele.

Era surpreendente o poder exercido por essa comunidade, que absorvia o convocado, ao mesmo tempo em que assimilava deste alguns elementos, modificando-se por sua vez. Encontrei no quartel diversos colegas que haviam participado comigo da vida universitária e tiveram os mesmos ideais. Lembro-me por exemplo do Farnésio: apresentara-se como voluntário pouco após o afundamento dos nossos navios, e fora dos mais intransigentes em expressar sua indignação contra todos os que não admitissem a identificação dos interesses do país com a causa aliada; já estava, porém, usando a mesma linguagem dos demais praças, achava também que o nosso embarque seria um absurdo, embora não chegasse a dizer, como os demais, que os nossos navios foram afundados por submarinos norte-americanos e não alemães ou italianos.

Entre as características desse mundo que eu encontrava, saltava à vista uma resistência passiva a tudo o que viesse de cima. Recebida a ordem, procurava-se cumpri-la do modo mais lento, com o menor dispêndio de energia. Se de cima o praça recebia gritos, impropérios, castigos, aos quais não podia responder diretamente, vingava-se disso com a moleza e o relaxamento.

O contato com aquela comunidade, em seus aspectos mais diversos e por vezes íntimos, dava-se pouco após o ingresso do convocado no quartel. Mesmo os mais tímidos, os mais acostumados a uma condição de marginalidade, eram absorvidos rapidamente pelo meio. E apagavam-se no quartel as próprias barreiras erguidas entre os homens na vida civil.

Houve convocados provenientes de casas mais abastadas e que tentaram evitar esta fusão no mundo dos soldados, com as suas características nitidamente populares. A princípio, procuravam fazer vida à parte, formando os seus próprios grupos de conversa e mantendo convívio quase exclusivamente com indivíduos da mesma origem. Eram, porém, tentativas fadadas ao fracasso: o meio não admitia qualquer espécie de marginalidade. Manso e malandro, o praça acabava levando para o seu ambiente o doutorzinho, imprimindo-lhe sua própria feição, fazendo-o usar sua língua e adotar os seus costumes.

7

A pirâmide hierárquica tinha no vértice o coronel. Alto, de nariz adunco e olhos azuis inexpressivos, parecia a personificação da disciplina e da rigidez militares.

Andava sempre à cata de transgressores. De manhã cedinho, atravessava o Portão das Armas, num passo firme e cadenciado, o corpo bem aprumado sobre as pernas compridas. Ouvia-se um cliqueti de mosquetões e a guarda apresentava armas. Se alguém tinha um botão a menos na túnica ou não conseguia manter uma impassibilidade de estafermo, a voz metálica e estridente ressoava com ordens e impropérios. O culpado era então recolhido ao xadrez e ficava esperando o castigo, que variava conforme os antecedentes do faltoso e o humor do comandante.

De dia e, às vezes, mesmo de noite, o coronel rondava sorrateiro as dependências do quartel. Se aparecia de repente no meio de uma aula, todos se assustavam e o próprio oficial que fazia a preleção tinha embargada a voz e um nó atravessado na garganta.

Era muito comum o comandante passar uma descompostura num oficial diante dos subordinados. Mas, em tais ocasiões, os praças tinham um sentimento quase ingênuo de vingança, que lhes fazia bem e valia por um desabafo.

Ninguém vira a sua face rígida desanuviar-se num sorriso ou adquirir uma expressão mais humana. Sabia-se que era viúvo e que dedicara toda a sua vida à carreira militar. Não tinha amigos e vivia num bangalô vizinho, com uma empregada velhusca e dois buldogues.

O vazio e a frieza daquela existência refletiam-se na vida do quartel e pesavam sobre todos os homens da unidade.

8

As minhas divisas de sargento, devidas a um curso em Bateria-Quadros, durante o qual não aprendera quase nada, resultavam numa condição um pouco diferente da condição dos soldados.

Lembrava-me dos sargentos do meu tempo de Bateria-Quadros. Autoritários, desbocados, costumavam vingar-se, nos praças rasos, de toda a sua vida de subserviência e insignificância, do seu soldo reles e da necessidade de procurar as boas graças dos poderosos. Uns poucos tentavam tratar os subordinados com alguma urbanidade, mas o ambiente do quartel não predispunha à delicadeza. Agora, porém, a grande maioria dos sargentos era formada de convocados, e estes não se sentiam diferentes dos companheiros de vida civil que passavam à condição de soldados. Em consequência disso, ocorreu um nivelamento entre os praças em geral, o que provocava indignação e frequentes resmungos entre os sargentos mais antigos, submergidos na onda de convocados.

Tomávamos as refeições separadamente, no Cassino dos Sargentos, uma saleta suja que contrastava com o relativo asseio de outras partes do quartel. Como o oficial do dia nunca visitasse aquelas dependências, havia ali uma imundície que os próprios sargentos não toleravam em outras partes. Parece que o temor ao coronel não se refletia numa preocupação maior de limpeza. Na privada, havia infalivelmente uma descarga que não funcionava e, na parede da sala, um Jesus muito triste expunha o coração coberto de excrementos de moscas.

Antes da convocação, aquele refúgio dos sargentos constituíra um ambiente acolhedor. A ausência do oficial de dia era devida a um acordo tácito. Submetidos a uma tensão contínua, os sargentos tinham aquele cantinho para ficar ao natural, sem necessidade de se empertigar, de manter o rosto impassível. No entanto, com a vinda dos convocados, o próprio Cassino passou a refletir também as múltiplas divisões que ocorriam nos grupos humanos, antes da sua amalgamação.

Havia sempre dois magotes distintos: o dos sargentos convocados e o dos mais antigos. Mas, embora estes se mantivessem à parte, e apesar de constituírem minoria, a sua identificação com o ambiente proporcionava-lhes certa superioridade. Aos poucos, porém, elementos de ambos os grupos misturavam-se para o carteado ou para o dominó, e o ambiente de quartel impunha o seu selo também aos sargentos convocados.

9

Dentro do mundo estreito e cinzento da caserna, o Corpo da Guarda era um submundo ainda mais lúgubre e isolado. Constituía geralmente o primeiro contato com os aspectos mais rudes da realidade que o paisano tinha de enfrentar nas fileiras. Todo sargento novato, pouco após a chegada ao quartel, era escalado para comandar o Corpo da Guarda. E aquelas vinte e quatro horas contribuíam mais para ambientá-lo do que quaisquer preleções sobre os deveres do militar.

Mal ajustei as pernas na fatiota verde-oliva, apertada e incômoda, e apenas senti sobre o pescoço a compressão do colarinho, que poderia simbolizar a canga das obrigações mesquinhas e da rotina enervante, relacionada com os objetivos elevados aos quais eu considerava subordinado o meu serviço na unidade, vi-me escalado para um dia e uma noite no Corpo da Guarda.

O serviço começava por um cerimonial complicado: a parada, com toque de corneta, continência ao terreno, marcha em passo ordinário, etc. A voz ainda me tremia de perplexidade, meus passos ainda vacilavam, pois o ouvido se desabituara da cadência da marcha e, no entanto, tinha de receber com aquelas formalidades o comando do Corpo. Seguindo à risca as instruções recebidas, conduzi os meus homens para a casinhola de cimento armado, destinada à Guarda.

Deram-me para companheiro um cabo mais antigo, Ximenes, bem acostumado à malícia do serviço e aos escaninhos que sempre existem na letra dos regulamentos, e que permitem tornar a vida no quartel um pouco menos rígida, sem que se infrinjam formalmente as normas. Foi o cabo quem distribuiu os quartos de ronda, escalando os praças. Tentei verificar o que ele fazia, mas fui chamado à parte por um dos meus comandados, praça franzino e muito conversador, apelidado de Pirulito, devido à magreza e às calças afuniladas que usara antes de envergar o uniforme.

— Deixe, isto não é para nós, paisanos. O cabo vai distribuir os quartos melhor que você.

O próprio Pirulito, apesar de mais ou menos novato na unidade, parecia também um guia eficiente nos mistérios da vida militar. Ficamos conversando e fumando.

Examinei com ele o ambiente. Havia para o sargento uma saleta, que se comunicava com o quarto das sentinelas e com dois xadrezes. Um destes, de porta aberta, estava repleto de presos disciplinares, isto é, recolhidos ao xadrez por ordem do comandante; o outro tinha fechada à chave a porta de grades, atrás da qual se viam dois tipos magros, de rosto terroso: eram os presos de guerra, condenados por um tribunal militar ou aguardando julgamento. Os presos disciplinares enchiam o ambiente com a sua algazarra: uns ficavam estirados sobre as mantas no chão, jogando baralho, fumando, contando casos; outros chegavam até a janelinha, para espiar a rua, ou iam até a porta do Corpo da Guarda e ficavam olhando para o pátio do quartel.

Na minha saleta, havia mesinha baixa e uma cadeira incômoda. Sentei-me um pouco, enquanto Pirulito se largava ao lado, no chão.

— Não se preocupe com as coisas, deixe tudo por conta do Ximenes.

Eu estava conversando com alguns presos, quando vi entrar no Corpo da Guarda um soldado moreno, atarracado.

— O que é que você vem fazer aqui?

— Ora, estou preso também.

— É a primeira vez que vejo você.

— Estou preso, sim. O senhor pode ver na lista do cabo Ximenes. É que eu fui dar uma voltinha, agora já estou me recolhendo.

Fui conversar com o Ximenes.

— Não é nada, sargento. O nome dele está aqui na lista. É que o outro sargento deixou que ele saísse e eu recebi recado para pôr "presente" diante do nome dele, por ocasião da chamada dos presos, que fiz pelo senhor. Não é nada, ninguém viu, ele andou com muito jeito.

A norma, realmente, era andar com jeito.

Quando começou a escurecer, apareceram mais seis soldados, apresentaram-se a mim e ficaram fora do Corpo da Guarda. Era a Guarda de Reforço.

— Onde é que eles dormem? — perguntei ao Ximenes.

— Aí fora mesmo. Estendem as mantas no chão e passam assim a noite.

Em todo caso, não adiantava mostrar-me admirado.

Depois que escureceu completamente, Pirulito veio conversar comigo.

— Escuta, vamos sair daqui e soltar todo mundo.

— Como assim? Não estamos de serviço? Aqueles ali não estão presos?

— O jeito é não levar tudo tão a sério, se não você fica louco. Você sabe que o oficial de dia vem fazer a chamada dos presos às dez. Até lá, estamos livres. O pior mesmo seria o coronel aparecer por aqui. Mas, você não está indo para a guerra? Não é você que vem sempre com essas conversas de lutar no duro? E vai se assustar com a carranca do coronel ou com alguns dias de xadrez? Não acha que vale a pena?

A minha timidez natural impeliu-me àquele ato de coragem, pois não sabia o que replicar a Pirulito.

Avisei o cabo Ximenes de que ia soltar todos os presos, e ele não pareceu admirar-se. Era certamente uma praxe consagrada. Os presos disciplinares ficaram bem contentes e foram saindo um a um, sorrateiros. Conversei com os guardas, avisando cada um de que estivesse no local um pouco antes de iniciar o seu quarto de ronda.

Dirigi-me em seguida aos dois presos de guerra.

— Escutem, vou soltar vocês, a chave está aqui, mas voltem antes das nove e meia.

— Não, sargento, o senhor não pode fazer isso. Com certeza, ainda não conversou direito com o Ximenes. Nós temos que ficar é aqui mesmo, não tem remédio. Se nos pegam na rua, o senhor é que vai responder processo, vai ter uma complicação brava. Agora, com os outros, não tem importância, o seu risco não é grande, só uns dias de xadrez. E já que está pensando em prestar um serviço pra gente, por que não manda trazer dois dedos de parati?

Saí com Pirulito e, em vez da continência regulamentar, fizemos um aceno camarada para a sentinela, que nos respondeu com uma risada.

Encaminhamo-nos para a rua central do subúrbio. Naqueles dias, havia ali um movimento desusado. O elemento fardado predominava. Os praças ficavam andando pela calçada, paravam diante das vitrinas, entravam nos botequins.

Sentei-me com Pirulito num bar. Bebemos duas garrafas de cerveja e comecei a me sentir muito leve, com vontade de fazer continência para meio mundo.

Quando voltamos para a rua, fomos abordados por um senhor de meia-idade, muito bem vestido. Pareceu um tanto lisonjeado com a continência cem por cento Caxias que lhe fiz.

— Venha comigo, sargento. Nós organizamos uma festinha em homenagem a vocês, expedicionários, e eu conto com o senhor.

Acompanhando o desconhecido, subimos para um sobrado e entramos numa sala não muito grande, repleta. Mocinhas de vestido sarapintado dançavam com rapazes de ar sisudo, ao som da "Cumparsita".

— Já está ficando tarde. Não acha, Pirulito?

Na realidade, porém, eu falara com as paredes, pois o meu companheiro estava enlaçado com uma moreninha corpulenta, de grandes olhos negros, e que não conseguia acompanhá-lo nos passos complicados.

A um canto da sala, vi a mesa, repleta de cocadas, doces de ovo, etc., encimada pelo retrato do chefe de governo, que parecia olhar com a maior indiferença para os divertimentos do seu povo. Do lado oposto, por cima de um barrilzinho de chope, estava estendido, em todo o comprimento da parede, um pano branco em que se esparramavam letras vermelhas, garrafais: "Salve a Força Expedicionária Brasileira! Salve!".

Nada a fazer, tinha que me adaptar ao ambiente. Tirei para dançar uma morena meio tímida, bonita, de braços roliços, que me viriam frequentemente à lembrança, nos longos dias sem presença feminina que haveriam de se seguir. A menina que estava dançando com Pirulito era mais despachada. De vez em quando, piscava os olhos para nós dois, repetindo: "Vão dançando, vão dançando, vão se despedindo do que é bom".

Fui depois até a mesa, belisquei os doces, tomei um chope, conversei com Pirulito, passei os olhos pelas meninas, e já me preparava para sair, quando o dono da casa pediu aos presentes um pouco de atenção, pois o doutor Vasconcelos ia dirigir palavras de saudação aos expedicionários.

Ouviram-se palmas e, no espaço anteriormente reservado às danças, surgiu um homenzinho franzino, de terno azul-marinho, com o qual procurava em vão dar um pouco de dignidade à sua insignificante figura. O doutor começou a falar, levantando em riste o dedo magro. Nos momentos patéticos, o seu grande pomo-de-adão parecia prestes a saltar.

Eram imagens inflamadas, tropos de retórica, rios caudalosos, céus de anil, etc... Depois, a parte mais comovente: "Ide, patrícios queridos, defendei as cores da nossa bandeira, sou muito velho para vos acompanhar, mas, tivesse eu o vigor da mocidade", etc... E, para finalizar, o trecho ideológico. "Sim, meus amigos! Segui os conselhos do nosso grande chefe, que sempre há de velar por vós. Viva Getúlio Vargas! Abaixo os extremismos de direita e de esquerda! Viva a Democracia!"

O sobrado pareceu tremer com a salva de palmas. O orador era abraçado e felicitado por todos. Despedi-me às pressas do dono da casa e da morena dos braços roliços e desci quase correndo a escada, para esperar Pirulito na rua. Certamente, não podia identificar-me com aquele mundo. "Abaixo os extremismos de esquerda e de direita!" Seria suficiente para fazer um homem arriscar o pelo? Eu queria ir para a guerra, mas não tinha nada em comum com os que pretendiam fazer-me partir. E aparecia-me cada vez mais próximo e familiar o mundo dos praças resmungões, que zombavam daqueles paisanos patrioteiros.

Depois que Pirulito juntou-se a mim, fomos ainda beber cachaça num dos bares da vizinhança. A cabeça começou-me a girar. Aos poucos, ia ficando sombrio. A realidade era muito mais complexa do que eu julgara, ir lutar pela Democracia era moralmente mais complicado do que me parecera. Depois que a rua de subúrbio começou, por sua vez, a girar, não pensei em mais nada. Não ouvia sequer os palavrões espirituosos de Pirulito. Eu devia estar bêbado de verdade, e ele foi me amparando.

Antes de chegar ao Portão das Armas, vimos um soldado trepado no muro, e que nos fazia sinais.

— Por aqui, sargento!

— O que é que há?

— Não é nada, não. O coronel está rondando perto do portão.

Cambaleando sempre, segui o caminho indicado. No Corpo da Guarda, estava tudo em ordem. Soldados e presos voltavam um a um, escalando por sua vez o muro.

10

Estava-se mesmo em vésperas de embarque. O Corpo Expedicionário tivera o nome mudado para Força Expedicionária Brasileira. "O Brasil tirou o corpo fora", diziam os engraçadinhos irresponsáveis, a par de inúmeras outras piadas, que demonstravam o ceticismo popular quer quanto ao embarque, quer quanto à eficiência da ajuda que se poderia prestar aos Aliados. No entanto, quem observasse atentamente o movimento cotidiano do quartel verificaria que a tropa ia embarcar mesmo. Na reserva do capitão Crispim, um cabo estava encaixotando o material burocrático da Bateria. Com carinho e minúcia, acostumado como estava à burocracia militar, ia arrumando o papelório, as fichas com o histórico de cada praça, desde os elogios em serviço de patrulha até os dias de detenção por embriaguez, e colocava as folhas cuidadosamente desdobradas dentro de caixotes com uma faixa verde e amarela em cima. E aquela preocupação com o material burocrático era, no dizer dos entendidos, a melhor evidência de que o embarque estava mesmo próximo.

É difícil, contudo, imaginar atmosfera menos marcial que a do quartel naqueles dias. Os preparativos de embarque fizeram com que se deixassem de lado inúmeras formalidades, como instrução militar a hora certa, exercícios de ordem-unida, etc. E os praças passavam a maior parte do tempo em completa inatividade. Uns se estiravam sobre os colchões das camas, desapertando o cinto e tirando os borzeguins. Outros ficavam deitados sobre a grama do pátio, contando casos, numa prosa vadia e sonolenta. Entre uns e outros, ia andando o Devagar, preto alegre e conversador, dentes sempre arreganhados, prontos para uma risada, e passo trôpego, malandro, que justificava o apelido e tornara-o definitivamente incapaz para a ordem-unida, circunstância altamente cômoda na vida militar. Carregava um tabuleiro, gritando:

— Olha o biscoito amanteigado, não tem igual! Quem come um, vomita cinco!

Os biscoitos eram duros, intragáveis. Mas, não tendo o que fazer, os soldados os iam comprando, apenas para dar trabalho às gengivas, para arranjar uma ocupação.

De uma feita, o capitão Crispim avisou:

— Despeçam-se dos seus, resolvam os negócios particulares, tenham tudo pronto!

Em meio à moleza e desânimo gerais, aquilo significava também: sobretudo, não pensem, não raciocinem, deixem-se levar como um rebanho; é o mais importante!

Realmente, o capitão Crispim não era a pessoa mais indicada para infundir qualquer espécie de entusiasmo à tropa. Moreno e miúdo, de bigodinho, parecia vacilar entre uma identificação com o estado de espírito corrente entre os praças e a fidelidade irrestrita aos princípios que deviam nortear a sua atividade cotidiana (vamos para a guerra — a guerra é justa — somos pela Democracia — viva o governo! — lembrem-se de Osório e Caxias).

De vez em quando, mandava reunir o pessoal da bateria. Dois cabos ficavam então andando entre os grupos de convocados, chamando-os para a formação. Fora-se o tempo dos movimentos rápidos, da corrida para entrar em forma. Os soldados iam se arrastando de má vontade, fungando, soltando palavrões. Não adiantava gritar com eles. Recebiam com a mesma indiferença ovina uma descompostura e um elogio.

Formada a bateria, o capitão ia dando explicações sobre certas medidas preliminares ou sobre o comportamento da tropa em campanha, de acordo com os dispositivos que estavam sendo publicados.

Dizia tudo com voz meio mole, nada marcial. De quando em quando, uma piada em gíria, mas que soava particularmente falsa na voz daquele homem tão comedido, e que, ao perambular na avenida com seu terno paisano, tinha invariavelmente um quê de figurinha do começo do século. O discurso era uma espécie de continuação das suas atividades burocráticas. Terminada a preleção, comandava: "Fora de forma!". Os soldados tornavam a estirar-se sobre as camas cheias de percevejos ou sobre a grama do pátio, enquanto o capitão voltava à sua interminável papelada.

Outro indício evidente de embarque próximo foi a distribuição de roupas e objetos de uso. Os de aplicação imediata iriam para o Saco A, os de reserva ficariam no Saco B. O primeiro seria levado pelos praças nas costas, o segundo se destinava ao porão do navio, e depois, em todas as ocasiões, ficaria num lugar mais afastado.

— A e B. Adeus, Brasil!

Entrementes, cada praça guardava ambos os sacos num armário.

Quase diariamente, o capitão Crispim reunia o pessoal da bateria, a fim de distribuir alguma peça de roupa.

— Esta cueca é para o Saco A. A gandola é para o Saco B.

Fazia-se confusão, perdiam-se peças.

Havia também inspeções diárias do material recebido. O tenente Raposo andava pelo pátio, examinando a roupa espalhada diante de cada convocado.

— Está faltando uma cueca.

— Eu não recebi.

— Como? Onde é que você estava quando fiz a distribuição?

— Naquela hora, fui ao mictório e me esqueceram.

— Olhe lá, está dizendo a verdade?

— Palavra!

— Bem, depois se dá um jeito.

Havia uma ingenuidade infantil nos olhos cinzentos e na cara picada de bexigas do tenente Raposo.

Dar um jeito, largar o corpo! Incrível como aquele ambiente se coadunava com a presença do coronel, tão empertigado, tão solene e marcial. Até hoje, isto me aparece como um contrassenso, mas era a pura realidade. Se alguém passasse perto do velho soldado e não fizesse bem a continência de praxe, seria repreendido, castigado; se não lhe respondesse com a devida humildade, podia estar certo de receber uns dias de xadrez. E, no entanto, a severidade do coronel não se estendia às camas cheias de percevejos. Essa atmosfera mista de rigidez e abandono, de moleza e obediência aos regulamentos, era algo muito estranho, mas nem por isso menos real.

Quando eu prestara serviço na Bateria-Quadros, o mundo militar me aparecera unicamente pelo seu lado opressivo e antipático: a ordem-unida; os exercícios de artilharia; o tubo-alma e o tubo porta-culatra, que me pesavam nos braços e que era preciso colocar em determinada posição, com uma rapidez que me parecera incrível; a camisa de instrução empapada de suor; o desmonte do canhão em poucos segundos e a sua colocação em lombo de burro, fazendo-se uma amarração complicada com correias, e que se denominava boneca; a rapidez e eficiência quase maquinais que se queria do soldado e que o transformavam num autômato; a continência exigida em quaisquer circunstâncias, e que devia ser feita com uma rapidez igualmente automática; o coronel de corpo bem aprumado — tudo isso eram aspectos apenas de uma das faces da vida militar. Agora, eu estava encontrando a outra, incrivelmente absurda. Aqueles soldados jogados sobre as camas eram algo que eu não podia compreender. As conversas sobre a inutilidade e a injustiça da nossa convocação, também. "E o que faço eu no meio de tudo isso, com as minhas convicções, a minha certeza da necessidade de lutar, o meu desejo de fazer algo útil neste sentido?" Era mais uma contradição a encher-me de espanto.

Não adiantava relatar esses problemas em casa, onde eu chegava na hora do jantar. A minha perplexidade ante o mundo militar era algo tão complexo que dificilmente se transmitiria por meio de palavras. Eu via meu pai, minha mãe e mana Fernanda preocupados com os probleminhas de sempre. Fernanda, ao telefone, continuava a conversar com amigas, sobre bailes e namoricos. Seria possível? Eu me sentia suado, malcheiroso. A roupa civil, que vestia às vezes depois do jantar, parecia sobrar-me no corpo. Indo ao cinema, não conseguia concentrar-me no argumento do filme. A leitura também se tornava cada dia mais difícil. Os pequenos hábitos cotidianos estavam se transformando em algo incômodo, cacete, uma obrigação a suportar, enquanto ia pensando nos meus grandes problemas.

11

O capitão Crispim avisou aos soldados que ia haver uma inspeção muito importante. Cada praça foi buscar pela trigésima ou trigésima-primeira vez os Sacos A e B, e dispôs diante de si todo o material recebido.

Depois de prolongada espera, apareceu um oficial do Estado-Maior, a fim de proceder à inspeção. Vinha sorridente e elegante, em sua farda bem engomada. Tinha a expansividade e o ar jovial típicos dos oficiais americanos. Aquelas maneiras eram, provavelmente, consequência natural de um estágio nos Estados Unidos.

Começou a percorrer as fileiras de praças. Fazia perguntas a cada um, entremeando a conversa de muitas pilhérias.

— Você quer ir para a guerra?

— Não, mas, sendo preciso...

— Bem. Tem algum pedido particular, alguma coisa que eu possa fazer por você?

— Não, obrigado...

Os soldados respondiam constrangidos, pois compreendiam que a cerimônia não passava de formalidade, e que a questão essencial, a aversão que sentiam por aquela guerra, era um assunto proibido.

Passando pelo mulatão Jaime, o oficial perguntou:

— Então, está ansioso pelo embarque?

— Bem, eu...

— Ora, não se acanhe. Pode dizer tudo com franqueza. Certamente, tem pena de deixar a crioulinha. Mas não se incomode, não. Garanto que, em pouco tempo, ela vai encontrar quem lhe faça companhia.

Jaime fez cara de poucos amigos, enquanto o oficial se afastava, risonho e satisfeito consigo mesmo por aquela pilhéria.

Pouco adiante, um rapaz pálido e cabisbaixo esperava a vez de enfrentar as ironias do oficial.

— Então, quer ir para a guerra?

— Não quero, estou sendo obrigado, mas, enquanto puder, vou gritar que esta guerra é um absurdo, e que não temos nada com a briga.

O rosto do oficial congestionou-se. Não esperava aquela interrupção brusca da cerimônia agradável e democrática, que ele executava com tanta distinção e aprumo.

Deu alguns gritos, falou em patriotismo, em honra nacional ultrajada, nos navios postos a pique, e tratou de passar adiante. Os soldados continuavam a responder constrangidos. De vez em quando, o oficial anotava algum pedido no caderninho, mas os praças tinham a certeza de que nada resultaria daquilo. Com efeito, nada havia a esperar daquele mundo diferente, que se fechava em suas frases feitas como num círculo, e isolava-se da realidade rude, enfeitando-a com noções pré-formadas de patriotismo, abnegação, dever para com os Aliados, etc.

12

Doutor Beija-Flor era o apelido do médico da unidade, homenzinho baixo, gordo, moleirão, com muitos séculos de preguiça boiando nos olhos inexpressivos. Tinha-se a impressão de que todo movimento custava-lhe sacrifícios ingentes.

Naqueles dias, porém, estava muito atarefado, vivia arrastando o corpanzil balofo, dando ordens aos sargentos que o ajudavam.

Havia constantemente filas diante da enfermaria. Ora uma injeção, ora tomada de sangue para exame, ora uma confusão qualquer: "Volta, volta, esta fila é por engano!". As injeções doíam mais que na vida civil. O sangue era recolhido sempre em abundância.

— Qualquer dia, o homem nos arranca as tripas para exame — resmungava Pirulito.

Finalmente, foram distribuídas umas plaquinhas com o nome de cada um, o número convencional, o tipo de sangue e o ano em que se recebera vacina antitetânica. Pareciam plaquinhas de cachorro grã-fino, dessas que se pregam na coleira, com o número de registro na Prefeitura. Cada praça tinha de usar ao pescoço duas dessas placas: em caso de morte, uma iria para a cruz de madeira, a outra seria remetida à família.

Ninguém mais tinha dúvida: ia-se embarcar dentro de dias, de horas talvez.

Disseram-nos que haveria manobras e que devíamos despedir-nos da família. Em casa, mamãe pergunta sobressaltada:

— Serão manobras mesmo?

O que dizer a isso? Ninguém acredita em manobras, todos esperam o embarque. No entanto, para evitar cenas complicadas, desagradáveis, digo:

— Não há dúvida, o capitão garante que são manobras. Vamos ausentar-nos por duas semanas, creio.

Depois que voltamos ao quartel, este ficou impedido, isto é, proibia-se sair ou receber visitantes.

Tratava-se, porém, de uma proibição relativa. Pulava-se o muro, ia-se tomar cachaça e cerveja nos botequins. Nunca vi tanta gente bêbada. Ninguém pensava em deter-nos. Os oficiais adaptavam-se à situação, compreendiam que o melhor jeito de conduzir a tropa seria deixar-nos encharcar o corpo de cachaça. Ou talvez fosse, mais propriamente, uma dose de compreensão humana, de solidariedade, insinuando-se através da rigidez imposta pelos regulamentos?

Tentei telefonar de um bar para os meus, mas os telefones estavam todos desligados.

Passei algumas horas da tarde conversando com o Jipe, rapazinho baixo e gordo com uma porção de problemas ocasionados em grande parte pela estatura. Arranjara uma namorada alta, elegante, e não sabia como acabar aquilo. "Você compreende, eu pequeno, feio, e ela tão bonitona." Tomamos cerveja, depois cachaça, ficamos dizendo bobagens. O gosto que tinha aquela cerveja! Nunca tomei outra assim!

Arrastamo-nos depois para o quartel. Outros praças seguiam o mesmo caminho, com um automatismo de bichos. Diziam que era um absurdo, que não tínhamos nada a ver com aquela guerra e, no entanto, não vinha sequer a ideia de faltar ao compromisso, de ficar na rua, em vez de pular sorrateiramente o muro, para estar de volta quando o capitão fizesse a chamada.

Celebrou-se a festa de São Pedro no quartel impedido. Fez-se no pátio um montão com o material que não seria levado para o navio, nem entregue a outras unidades. Os restos da burocracia incômoda do capitão Crispim e dos demais comandantes de bateria transformaram-se rapidamente numa fogueira bonita, contra a qual se recortavam os vultos dos oficiais e o corpo empertigado do coronel, que olhava tudo aquilo com a frieza de sempre, sem qualquer expressão no rosto de estátua acadêmica.

Soldados bêbados pulavam a fogueira, assavam batata-doce, riam. Era o fim da tensão nervosa, da espera angustiante. O jeito mesmo era cantar, requebrar o corpo, o samba resolve tudo, sublima tudo.

O quartel estava superlotado. Muita gente passou a noite no chão, outros arranjaram cama sem colchão e dormiam com uns trapos fazendo de travesseiro. Por que não nos deixavam apanhar o Saco A, com toda aquela roupa?

Fiquei andando pelo pátio com Jipe, que não me deixava mais, depois das confidências que me fizera. Passei muito tempo sem dormir, olhando as luzes da cidade, ao longe. Um luminoso lançava reflexos vermelhos por cima das árvores.

Passou-se mais um dia de expectativa e moleza e, finalmente, a noite decisiva desceu sobre o quartel.

— Bateria em forma! — comandou o capitão Crispim, mas, apesar do esforço que fazia para impor um pouco de marcialidade à sua voz, estava meio rouco, como se tivesse tomado toda a cachaça consumida naqueles dois dias nos botequins da vizinhança.

Passamos muito tempo no escuro, conversando, cantando sambas, batucando em caixinhas de fósforos. Muitos praças estavam junto ao portão, falando, através das grades, com parentes, com namoradas. Fiquei triste, apesar de tudo, porque os meus pais não tiveram a ideia de chegar até ali. Teriam acreditado mesmo na história de manobras? Lembrei-me vagamente de uma moreninha que namorara pouco tempo atrás. Namorico bobo, que acabara de modo ainda mais estúpido. Mas, apesar disso, como seria bom se ela se lembrasse de ir até o portão, para se despedir de mim.

Ai-ai-ai-ai,
Tá chegando a hora...

Incrível como as ideias mais inoportunas surgem na cabeça da gente nesses momentos. Quem teve o pensamento imbecil de entoar essa canção? Todos cantam em coro, junto a minha voz à dos companheiros. O coro é lúgubre, plangente, arrastado.

O capitão Crispim manda chamar os sargentos e passa-nos uma descompostura porque às quatro não encontrara um subalterno sequer para transmitir uma ordem. Pobre capitão Crispim! Então não compreendia, ou fingia não compreender, o acordo tácito entre oficiais e praças, e ao qual o próprio coronel não conseguira furtar-se, no sentido de que os regulamentos estavam em parte suspensos, pois a fraqueza humana tem suas exigências, e um pouco de relaxamento, uma prosa de botequim e uns cálices de cachaça eram absolutamente necessários naquelas horas? O capitão comunica:

— Vamos sair para manobras esta noite mesmo. O destino é Barra do Piraí.

A notícia espalha-se num átimo, mas ninguém acredita.

Mais uma hora de espera no escuro. Alguém diz:

— A patrulha saiu pra catar gente na rua.

E, de fato, pouco depois vêm alguns praças completamente embriagados, gingando, dizendo bobagens.

Continua a espera em forma, ninguém sabe para quê. O capitão manda chamar novamente os sargentos. Desta vez, evita subterfúgios. Vamos embarcar esta noite mesmo. Nós, sargentos, temos grandes responsabilidades. Muitos soldados estão bêbados, é preciso lidar com eles com muito tato, e usar a força unicamente em caso extremo. (Esta é boa! Quem é que vai usar a força? "Nós somos todos do amor.")

Finalmente, novo comando, e a bateria põe-se em movimento. Vamos tomar café com pão e manteiga. Os soldados que nos servem fazem parte do contingente que vai guarnecer o quartel. Têm expressão compungida. Ao desejarem-nos boa viagem, parece que estão nos enterrando.

Voltamos ao alojamento da Bateria, a fim de apanhar o Saco A. Saímos pelo fundo do quartel. Uma lua enorme e sanguínea desponta atrás do morro.

Caminhamos pela rua de subúrbio. De todas as casas, as famílias nos espiam das janelas. O silêncio é cortado apenas pelo cricri enervante dos grilos. O saco pesa nas costas, tropeça-se nos buracos da rua.

Chegamos à estação. Um trem de carga nos espera. Tendo havido, dias antes, exercícios preliminares, cada um sabe o lugar que deve ocupar. Vamos entrando nos vagões às escuras e sentamo-nos sobre o Saco A.

O trem põe-se em movimento. Pelas janelinhas do vagão, percebem-se as luzes das casas, lá em cima. O tenente Raposo vem com umas bravatas, misturadas com palavrões, tentando uma familiaridade difícil. "Quem tem cu, tem medo", comenta-se em resposta às bravatas do tenente. Mas seria realmente medo? Lembro-me apenas de umas sensações vagas e de um esforço para aceitar tudo maquinalmente.

O trem chega ao cais, isolado pela Polícia Militar. Para bem em frente do navio: a primeira coisa que vemos ao sair do vagão. Parece um monstro pré-histórico. O cinzento do casco se confunde quase com o negror da noite. As chaminés parecem chifres empinados, os canhões da proa lembram presas pontiagudas.

Ao pé da prancha, um general sorridente e simpático, que não seguirá conosco no navio, aperta a mão de cada um e deseja-nos boa viagem.

Subo a prancha, atravesso um corredor e deixo o Saco A na primeira cama-beliche que vejo desocupada. No compartimento, estão misturadas a nossa bateria e uma companhia de infantes. Passa algum tempo, antes que me habitue

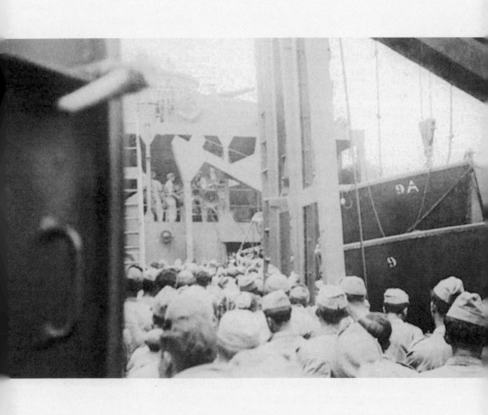

às emanações de tantos corpos suados e ao barulho das máquinas. Fico de cueca e me estiro, a cabeça apoiada no bornal, os pés batendo na corrente que prende o leito de lona. Graças ao cansaço, meus pensamentos vão-se tornando cada vez mais confusos. Adormeço.

13

O monstro que estava à espreita no cais engoliu numa noite 5.075 homens. Cada qual depositou o Saco A sobre uma cama de lona e voltou-se para examinar o ambiente: os oficiais em suas cabines com beliches, os praças nos compartimentos com mais de trezentos homens, jogados sobre as lonas em três andares. O monstro resfolegava um pouco, percebia-se o ruído desse resfolegar, mas o ouvido acostumou-se a ele em pouco tempo. As narinas habituaram-se ao cheiro, e os olhos afizeram-se à paisagem estranha de uma escada meio torta, de ângulos e quinas, um mundo intrincado à feição das *Prisões* de Piranesi, e que se espraiava em quatro andares, no bojo do monstro cinzento. Depois das revoltas estéreis, da indignação em face de um chamado cujo sentido lhe era incompreensível, o soldado esforçava-se por aceitar tudo o que viesse, por mais absurdo que pudesse parecer. Os próprios resmungos tornavam-se mais escassos, a adaptação às novas condições exigia boa dose de fatalismo.

Se o quartel já fora um primeiro cadinho, onde os temperamentos mais diversos, os processos de educação mais variados, fundiram-se num tipo mais ou menos uniforme, o do soldado carioca, com a sua gíria mesclada de termos do morro, o seu jeito malandro, a sua fala macia, o navio-transporte ia determinar novo caldeamento, num tipo que pareceria ainda menos individualizado. Desta vez, eram várias unidades que se misturavam, havia ali soldados das mais di-

versas procedências, mas poucos dias bastariam para criar uma nova comunidade, que se assemelharia muito pouco à dos praças em véspera de embarque. As novas contingências faziam em poucos dias, às vezes em horas, o que anos de educação militar não conseguiram: o absurdo passaria a fazer parte do cotidiano e seria aceito com naturalidade cada vez maior. Pouco importava que entre os homens lançados às entranhas trepidantes do monstro houvesse velhos praças acostumados à rotina militar e jovens convocados dias antes, morenos gigantescos vindos de Goiás e Mato Grosso e rapazinhos franzinos, com anos de permanência nas pensões baratas da capital, operários e camponeses, louros sadios de Santa Catarina e doentes de toda espécie, gente com olho de vidro, com um dedo a menos, etc. As vítimas escolhidas para o matadouro acabavam tendo o mesmo olhar indiferente a tudo. Apenas, uma dose de doçura bem brasileira, um jeito manso de dizer "meu velho" ou "velhinho", uns sambas batucados em caixa de fósforo ou tocados em gaita de boca davam a essa comunidade um quê peculiar, um acento diferente. Um mar humano de sentimentos e recordações, de saudades abafadas e conversas tristes, adquiria uma cor cinzenta condizente com a do monstro e com a incerteza e falta de perspectiva generalizadas.

14

Depois do sigilo daquele embarque na calada da noite, daquele trem de carga de luzes apagadas, o navio passou um dia inteiro atracado ao cais. Os praças espalhavam-se pelo convés, conversavam frouxamente. Viam-se o cais quase deserto, guardado pela Polícia Militar, e um pedacinho de rua. Junto ao muro com gradil de ferro, que dava para a rua, havia, do lado de fora, um magote de basbaques. Os praças faziam-lhes gestos de adeus, os outros respondiam, tudo completamente incompreensível.

Chegou mais uma noite e os praças tornaram a descer para os compartimentos. Quase não havia contato com os oficiais, e os soldados sentiam-se mais ou menos paisanos. No alojamento, o oficial de dia parecia geralmente atordoado como os praças, o absurdo e a novidade tomavam conta de todos.

O toque de alvorada é um tra-ta-ta-ta-ta rápido e incisivo, transmitido pelos alto-falantes, bem diferente do toque tão mole e relaxado do quartel, e que os praças interpretavam:

Ai... meu Deus, que vi-da esta minha,
O ca-bo me cha-ma, o plantão me apurrinha.

Formam-se duas filas em sentido contrário: uma para o banheiro, onde há latrinas com praças sentados frente a frente, lavatórios e chuveiros de água salgada; e outra para o refeitório. Nesta, os praças passam geralmente algumas horas esperando, há sempre uma grande confusão; foram distribuídos cartões de diferentes cores, que são picotados à entrada do refeitório, para que ninguém possa entrar ali duas vezes; cada cartão deve corresponder a um horário, mas a coisa não funciona e todos entram em fila ao mesmo tempo. Não faz mal, a fila sempre é uma ocupação.

Depois de tomar café com gosto medicinal e rejeitar quase inteiramente uma comida farta, mas esquisita, que o praça não estava acostumado a ingerir tão cedo, cada um largou a sua bandeja de estanho e foi subindo para o convés. O navio saía do porto. A cidade aparecia através da neblina, o Rio de Janeiro em sua beleza matinal e suave de inverno, o seu azul, os seus morros, uma beleza feita para a apoteose das chegadas, não para a dolência daquele adeus. Quando o navio passou pela ilhota da Laje, os soldados de serviço ali correram até a borda do penhasco e agitaram os braços. Na frente, ia um cruzador, de cada lado um destróier. Quando o navio se aproximava da barra, ressoou nos alto-falantes a voz do capelão; fazia questão de frisar que aqueles homens iam à guerra não com objetivo de matança, mas para cumprir um dever, obedecendo às ordens de Suas Excelências, o Presidente da República e o Ministro da Guerra. Aquelas palavras de contrição, com o seu contrassenso para os soldados que estavam indo à guerra, e justamente para matar e morrer, eram sobretudo desnecessárias, pois o que menos havia ali era ódio ao inimigo. Sem um objetivo concreto, perplexos, atordoados, os homens simplesmente se entregavam ao monstro que os conduzia mares afora, para um destino ignorado.

15

E eis-me também, mares afora, rumo ao meu destino ignorado. Olho as caras incolores dos companheiros e vejo refletidos nelas o meu olhar de indiferença, os meus próprios gestos mecânicos, a minha própria entrega ao monstro que nos transporta.

Suamos em bica, pois os alto-falantes, categóricos e impessoais, impondo um novo tipo de disciplina, mais difícil de suportar que os impropérios do pior dos oficiais, transmitiram a ordem de usar os salva-vidas. Estes são uma espécie de casacões grossos e feios, cheios de algo que parece algodão ou paina comprimida, e que logo recebem o apelido de "morcegão".

Balançar de navio, filas para as duas refeições diárias, a caneca de café dançando sobre a travessa de estanho, raspando nela com um som angustioso, um cheiro penetrante de cozinha e tinta fresca, o calor, a roupa grudando no corpo, o gira-gira da cabeça, a névoa nos olhos, a zoeira nos ouvidos, os restos de comida que se atiram num latão cheio de líquido asqueroso, a lufada de ar frio que atravessa os pulmões quando se sobe para o convés, o bate-papo, o carteado, um olho para as cartas, o outro para a Polícia Militar à cata de jogadores, o mar cinzento e triste, as dificuldades para encostar o corpo, que parece quebrado na roda de tortura, novamente a fila, o escurecimento geral às cinco e meia, depois da ordem transmitida pelas goelas enormes e impassíveis dos alto-falantes, o fechamento das portas para o convés, o calor cada vez mais sufocante, a morrinha de suor que se espalha pelo compartimento, as luzinhas vermelhas e foscas que desenham na escuridão contornos mal definidos, o crescente balançar do navio, que repercute como golpes no crânio, o corpo que se atira mecanicamente sobre o leito de lona, os dias e as noites, mar e céu, céu e mar, mais filas, mais escurecimento, os companheiros que vomitam, e eu que tenho de rondar.

Hei de rondar! Eu vou pra guerra! "Nós somos da pátria amada." Eu tenho que rondar. Eu não penso que fomos vendidos por dólares, eu acredito na democracia, eu acredito nos marinheiros americanos que nos transportam no bojo do monstro. Acredito, sim. É verdade que eles têm uma divisão na proa, reservada especialmente para os marinheiros de cor, que não se misturam com os brancos. É verdade que, no porão, há um compartimento-prisão, onde os que sofrem penalidades ficam algemados. É verdade que eles passam por nós, distantes, superiores, na sua condição de servidores do monstro que nos carrega. Tudo isto é verdade, mas eu acredito na democracia, soberana e superior, com parlamentos e imprensa livre. Não posso aceitar a visão do mundo dos meus companheiros, a sua entrega passiva, a sua melancolia, a sua convicção de que a nossa participação na guerra não passa de um arranjo vergonhoso.

E eu rondo, eu rondo... Em volta, todos vomitam, as escadas à Piranesi aparecem qual fantasmagóricas visões, mas eu tenho que rondar. São trezentas vidas que dependem de mim. Não sou herói, não tenho vocação para herói, mas são trezentas vidas. Eu sou a consciência, uma pequena e vaga luzinha em meu íntimo que diz: "É preciso rondar". Acabaram-se os oficiais, ninguém mais desce para o nosso compartimento. E eu rondo sozinho, hei de rondar nem que seja até o fim dos meus dias.

Aparece um capitão de infantaria, gorducho, de bigodinho, e dá umas ordens. A velha disciplina, mecânica e formal, tenta impor-se sobre a disciplina dos grandes momentos. A primeira manda que eu não ronde sozinho, que procure o sargenteante. "Sargento Anésio, ei, sargento Anésio!" Sacudo o monte de ossos e muita banha, coroado por uma cabeça completamente imóvel, e que tem uma vaga semelhança com o primeiro-sargento Anésio. A montanha emite um grunhido e torna a imobilizar-se. O capitão, satisfeito com as ordens dadas e com sua operosidade, num momento em que os outros oficiais estão derreados, torna a subir para o convés. E eu volto a obedecer à disciplina dos grandes momentos e não à das pequenas formalidades. O monte de banha que durma. "Nós somos da pátria amada."

Mas, rondar para quê? O que significa esta ronda? Não há ninguém, eu não posso obedecer à disciplina fria e impessoal dos alto-falantes. Eu sou a consciência, uma luzinha acesa dentro do crânio. Há gente vomitando. A primeira vez, foi difícil. Apanhei o pano e fui limpar. O preto Silvino me viu do beliche, deu um pulo no chão, cambaleando, e tirou-me o pano. Por quê? O preto Silvino acredita que foi vendido por dólares, e eu creio na democracia. Se eu limpo o chão, não é por humildade, mas porque tenho a luzinha no crânio, a consciência. Sou superior e não sou herói. Tenho ódio. Sinto ódio ao monstro insensível que nos arrasta não se sabe para onde, não se sabe para quê.

A modorra tenta tomar conta dos meus membros, mas eu sou superior à modorra. Os demais podem entregar-se, eu não. Sou superior a estas contingências. "Sangue, suor e lágrimas", dizia o jornal imbecil. E também: "Viva o Estado Nacional". Estou num mundo louco. Por que eu quero ir para a guerra? Eu devia era ficar lá atrás, que nem os rapazinhos de Copacabana, meus colegas da Faculdade, que a estas horas se espreguiçam na areia da praia. Não, não, o que passou, passou. "Fomos vendidos por dólares." Por que não digo o mesmo? Por que teimei em falar aos meus companheiros sobre o nazismo e a necessidade desta luta? Eles possuem uma lógica inflexível: uns e outros se equivalem, americano e alemão são a mesma coisa, cada um quer tirar as suas vantagens, e o Brasil que se dane, mandando os seus filhos para a guerra, sem ter nada a ver com a história.

Vi no convés o capitão Crispim. Se os meus companheiros estavam lívidos, ele adquirira uma cor esverdeada. Convidei-o a descer para o compartimento, a fim de ver os comandados. "Não, não, eu vomitei tanto, não me peça isto." Pobre capitão Crispim! Sem papelada para cuidar, sem a disciplina formal e cotidiana, sem as pequenas coisas arrumadas e certas, parece um homem perdido. Certamente, não lhe pedirei nada. Afinal, bem que ele gostaria de se identificar um pouco melhor com os praças, mas essa travessia vai marcar ainda mais a distância. Ele não pode, é verdade, descer para o compartimento fétido. Vontade de dizer: "Me ajude a limpar os vômitos, capitão". Mas não, esta é a minha superioridade. A luzinha acesa no crânio. Sou conduzido, sou conduzido, mas há pelo menos uma vontade de resistir, uma tentativa de lucidez. Quando me encosto no Saco A, junto à minha cama-beliche, lâmpadas vermelhas e foscas do compartimento mergulham-me num mundo diferente, onde me balanço e fico inconsciente, igual aos meus companheiros, sem a luzinha incômoda que me perfurava ainda há pouco o crânio.

16

Estou ou não estou escalado para a ronda no compartimento? Os demais sargentos parecem muito ocupados em vomitar, e é possível que seja eu o responsável por aquelas vidas. Mas a formalidade militar não muda em nada a situação. Escalado ou não, tenho de zelar por todos, quem manda mesmo é a luzinha incômoda.

Vou até a privada — o verdadeiro clube de bordo. Os que estão melhor, aproveitam esse espaço, o único onde se pode ler de noite, pois a iluminação ali é razoável, o único em que se pode fumar, depois da ordem de descer para os compartimentos, e também o único mais ou menos seguro para se jogar baralho, por estar livre da vigilância da Polícia Militar.

Os chuveiros são de água salgada: o de água doce foi fechado por economia. Assim mesmo, dá vontade de sentir a água batendo no corpo, embora não adiante passar sabão, que não dará espuma, e se saiba que, depois do banho, a pele ficará mais pegajosa.

O espetáculo da privada atrai-me principalmente como uma grande escola. Para os tímidos e retraídos, para os que se acostumaram a viver confortavelmente, ela proporciona um choque salutar no sentido da adaptação à promiscuidade da vida em campanha. É um degrau a mais, na direção da animalidade que se atingirá mais tarde.

Os mais delicados procuram conter-se durante o dia, e ir à privada somente às duas ou três da madrugada. Inútil! O clube funciona a noite inteira, sempre há grupinhos batendo papo, fumando ou jogando cartas e, nas latrinas, é preciso sentar-se frente a frente com os companheiros de infortúnio, em meio a um cheiro violento de desinfetante, que se sobrepõe a todos os demais.

Quando saio da privada, ressoa nos compartimentos a voz rouquenha dos alto-falantes:

— Postos de combate! Postos de combate! Oficiais e praças recolham-se aos compartimentos!

Ninguém se afoba, todos sabem que é apenas um exercício a mais, desses que se repetem diariamente.

Depois de alguns minutos de espera nos compartimentos, subimos todos, com exceção dos enfermos, e agrupamo-nos em locais predeterminados. É sempre um divertimento ver as balas traçantes da metralhadora antiaérea perseguirem a biruta atada a um avião. A biruta passa, dá voltas sobre o navio, mas os artilheiros não são muito hábeis. Estão de capacete de aço, parecem levar muito a sério esse brinquedo de guerra, mas, em toda a viagem, não os vimos acertar numa biruta sequer.

Terminado o exercício, os alto-falantes transmitem instruções sobre como se deve agir em caso de afundamento e criticam a moleza da tropa.

— É preciso subir para o convés rapidamente, mas em boa ordem, sem atropelos, ninguém procure passar na frente dos companheiros.

— Pois sim — comenta um infante gigantesco, cuja lona fica acima da cama-beliche do sargento Anésio. — Vou lá nessa conversa — tira uma peixeira enorme. — Isto aqui, vejam bem, é para furar a barriga do primeiro filho da puta que me fechar a passagem na escada!

A diversidade dos tipos humanos, no físico e no moral, retarda um pouco a formação desse mar humano, igual e merencório, que é uma comunidade em guerra. Os grupinhos de conversa custam um pouco a se misturar, há longos bate-papos, mas dois a dois, três a três, às vezes em grupos um pouco maiores.

Vê-se cada vez menos gente no convés. No entanto, sobre a proa, face ao céu de estanho e às estrias alvacentas de espuma, que aparecem sobre as ondas de chumbo, há um grupo de tocadores impenitentes de violão. Estão magros, pálidos, barbudos, e o seu esforço tem algo de heroico, é como um desafio à inclemência do tempo.

No repertório, predominam os sambas mais langorosos e sentimentais. Mas aquela tristeza mole faz bem aos rapazes e condiz com o seu estado de espírito. A dolência dos acordes penetra nos compartimentos e comunica aos homens prostrados e embrutecidos a lembrança da pátria cada vez mais distante.

Perto da escada para os compartimentos, há um grupo de rapazes franzinos, que olham surpresos uns mato-grossenses agigantados, com jeito de facínoras, empenhados numa briga de galo. Os moços franzinos arregalam os olhos e apertam-se, para deixar mais espaço aos lutadores. Um rapaz do interior de São Paulo começa a sussurrar baixinho, para o companheiro ao lado, reminiscências sobre uma namorada zarolha, que o deixava sempre suspeitoso de que estivesse olhando para outro.

Na hora da faxina nos compartimentos, a aglomeração no convés torna-se intolerável. Rapazes pálidos, alguns vomitando, são amparados pelos companheiros.

Embaixo, os praças de plantão vão de beliche em beliche, sacudindo os homens deitados.

— Vamo levantá, vamo levantá. Muito ajuda quem não estrova!

Alguns praças continuam estirados em meio à poeira levantada pelas vassouras.

Mas, não obstante tudo, na confusão e no desconforto, o mar humano começa a misturar suas ondas.

Vovô está entrando no refeitório, para o pequeno almoço. Recebe o canecão de café com leite, o pão e o mingau de aveia, mas recusa o resto: é que não tem dentes. Sofreu uma infecção, e, três dias antes do embarque, esvaziaram-lhe a boca no Hospital Central do Exército.

É um moreno baixo, de fisionomia triste e resignada. Nunca se queixa ou se indigna com a sua situação. Encolhido num canto, molha vagarosamente pedaços de pão no café com leite e deixa-os cair na boca. O balanço do navio e a fome permanente dão-lhe tontura, tremem-lhe as pernas. Ao mesmo tempo, sente-se assaltado por preocupações. Como há de se alimentar em campanha? Se a comida for americana, ainda poderá manter-se com sopas e mingaus. Mas, que fazer se a tropa voltar ao regime de feijão com arroz e carne seca com abóbora?

Todavia, o melhor é não pensar, e Vovô possui a arte difícil de afastar os assuntos desagradáveis. Saindo do refeitório, percorre o convés e desce para o compartimento. Deitado sobre a lona, espicha as pernas, pensa na sua Emília (tão boazinha, coitada) e adormece com um sorriso triste nos lábios.

Sim, há um sorriso triste e conformado no rosto de Vovô. Mas será esta a real expressão do que lhe vai no íntimo? O que posso eu saber do que pensam e sentem os meus companheiros? Há momentos de confissão completa, alguns estão certos de que vão morrer e desabafam com uma facilidade incrível. Outro dia, um rapaz magro, o Juvêncio, conversou comigo longamente e relatou-me todo um caso intrincado de amor e posse, complicado com histórias de família e um casamento adiado por causa da convocação. Mas eu que recebo estas confissões imediatas, diretas, o que sei do verdadeiro eu dos meus companheiros? A própria ida de toda essa gente para a guerra já constitui um contrassenso que não consigo explicar. A minha vontade de luta, o meu desejo de participação, chocam-se com este abandono mole, com esta resignação fria, alternada com impropérios contra o governo e contra o fato de serem mandados para tão longe. Mas, como compreender esta impotência, numa tropa que vai lutar por uma causa justíssima, numa fase da guerra em que já se percebe que o fiel da balança pende para o nosso lado? As reações de cada um, as confissões, os nervosismos me mostram determinada superfície. Mas o que há embaixo de tudo isto?

Devagar está deitado, quase inconsciente. A pele perdeu o brilho límpido de azeitona, está meio parda, meio descorada. Os olhos entrecerrados parecem olhos de bicho moribundo.

Pergunto-lhe:

— Quer uma maçã?

Solta um gemido abafado e não responde. Estendo-lhe uma das maçãs que apanhei no refeitório para os homens do compartimento, depois de picotar os respectivos cartões. Faz um gesto vago com a mão. Coloco a maçã sobre o beliche, perto da sua boca.

O rapaz leva a fruta lentamente aos lábios, encosta os dentes na casca, e não chega a mordê-la. A mão com a maçã desce novamente e fica balançando, num vaivém que acompanha o navio.

Mas, de repente, ressoa no compartimento o repicar de violões vindo da coberta. Um samba chorado de Noel Rosa dá uma tristeza boa, que é também força, vida, aragem de pátria, cantinho de morro carioca.

Esquecendo a fraqueza, o desânimo, Devagar levanta-se cambaleando, sobe a escada correndo e mistura-se à multidão amontoada na proa.

Em meio ao desânimo, à frouxidão geral, perpassa uma figurinha estranha, animada por uma espécie de chama interior. É Marcharré, um moreno magro, de nariz achatado, olhos vivos e cabeça raspada. Está sempre vendendo alguma coisa. No convés, passa entre os grupos, espalhando saliva e gritando:

— Quem quer biscoito amanteigado? Vendo barato. Venham depressa que tá no fim.

— Quanto é?

— Dois cruzeiros.

— O pacote?

— Não, o biscoito.

— Sai, ladrão!

— Não sou eu que quero, quem manda é a Coordenação da Mobilização Econômica — não há revolta nem amargura, nesta alusão ao órgão oficial encarregado da "mobilização econômica", às roubalheiras do regime ditatorial.

— Aqui você não entra. A próxima vez que eu vir a tua cara, vou chamar o oficial de dia.

Ele desce para o compartimento seguinte, onde fica o seu leito. Pouco depois, vejo-o esgueirar-se pela escada, rumo ao convés. Sei muito bem o que fará ali.

Há uma cantina bem provida a bordo, mas os praças não podem trocar o seu dinheiro brasileiro, e os americanos só aceitam dólares. Cada oficial pôde, porém, trocar determinada quantia, e, ao passar pelo convés dos oficiais, sempre os vemos mordendo barras de chocolate.

Marcharré vale-se de cada tenente moço que passa e, pouco depois, ei-lo no convés, cercado de uma multidão gulosa. Os praças empurram-se, estendem os braços, soltam gargalhadas. Qualquer preço serve, o dinheiro não vale mais nada. Marcharré vai tirando as barras da caixa de papelão e guardando as cédulas. Continua a repetir, soltando gargalhada e espalhando saliva:

— Venham depressa! É a trinta cruzeiros a barra! Não sou eu que quero, quem manda é a Coordenação da Mobilização Econômica.

Sinto asco mesclado de admiração. Face aos desalentados, aos que repetem: "Eu sei que vou morrer", Marcharré, com a sua vivacidade, os seus olhos saltados, é uma afirmação de vida, de segurança. E percebo nos meus companheiros a mesma admiração. Tipo danado! E, enquanto a maioria fica esmagada pela viagem, enquanto se vomita e se resmunga, o vivíssimo Marcharré continua espalhando saliva, saltitante e invencível, afirmando a sua identificação com um mundo que é dos mais espertos, o mundo da Coordenação da Mobilização Econômica.

17

Um fator importante para a formação dos grupos é o maior ou menor grau de degradação moral que se atingiu. Para compreendê-lo, nada como a velha e surrada imagem da escada, que cada um vai descendo paulatinamente. Começa-se quase sempre pelas formas mais simples de deslize moral: desaperta-se o cantil ou a marmita de um companheiro, rouba-se nas cartas, etc. Depois, pratica-se o câmbio negro. E assim, degrau a degrau, há quem chegue à violência, ao crime.

Geralmente, os soldados que estão num determinado degrau dessa escada olham com a maior naturalidade os que já atingiram o mesmo ponto de degradação, mas os que se encontram um degrau abaixo parecem-lhes verdadeiros monstros. As próprias diferenças de instrução não separam tanto os homens como a repulsa que se sente pelos que já desceram este ou aquele degrau.

No navio, parece que estamos, quase todos, no meio da escada. Alguns estão apenas no começo.

Ainda antes do embarque para a guerra, correu no Rio de Janeiro a notícia de violências sexuais cometidas por sol-

dados. Essas notícias tinham o seu fundo de verdade. Tantos homens trazidos de tão longe, arrancados das ocupações habituais, do meio costumeiro, mantidos em condições absolutamente anormais, haveriam inevitavelmente de criar problemas. E, por mais repugnância que isto me cause, começo a compreender que se trata apenas dos degraus da mesma escada que estou começando a descer.

Pareceu-me a princípio que eu estava livre dessa contingência, que não tinha nada em comum com o processo de degradação que via em desenvolvimento. Um pequeno episódio veio provar-me o contrário.

Perdi o cantil, provavelmente roubado por alguém. Isto constituía um problema bastante sério: após o desembarque, precisaríamos ter o equipamento em ordem para suprir as necessidades individuais. Pelo menos, eu me preocupo bastante com isto.

Conversei com alguns companheiros sobre o caso e, pouco depois, o mulatão Jaime entregou-me um cantil.

— Tome, é seu.

— Mas o meu era diferente.

— Não se preocupe, este é seu.

Evidentemente, ele não sacrificara o próprio cantil para me servir, mas roubara-o de outro soldado.

Disfarço a minha perplexidade e finjo receber o objeto com indiferença, como qualquer praça velho acostumado às contingências da vida militar.

Pouco depois, um infante instalado a dois passos começa a lamentar-se:

— Roubaram o meu cantil! Como é que vou arranjar-me no deserto? Nós vamos para a África, para o Saara, e eu não tenho cantil! Valha-me Nossa Senhora!

Disfarço a amargura e finjo não ouvir nada. Como posso, depois disso, supor em mim qualquer espécie de superioridade em relação aos companheiros? Abjeta criatura, sinto-

-me identificado com a miséria humana, com a degradação, com o abatimento generalizado.

18

O mar sossegou um pouco e diminuíram os problemas com a ronda. O sargento Anésio moveu um pouco o corpanzil, desceu da sua lona, tirou do bornal uma tabuleta ensebada, com a relação dos sargentos, e chamou-me:

— Escuta, João Afonso. Eu não sei para onde nós vamos, nem quanto tempo isto vai durar, mas você está livre da ronda até o fim da viagem.

Alguns praças ainda estão lívidos, jogados sobre os seus catres, mas a maioria já retomou um ritmo de vida mais normal. Formam-se novamente grupinhos no convés, a Polícia Militar tem de novo trabalho com o carteado.

Depois de distribuir os quartos de ronda, o sargento Anésio me procura:

— Vamos conversar um pouco. Eu estou realmente aborrecido. Veja você a promiscuidade em que viajamos. Afinal de contas, somos graduados, você um terceiro-sargento, eu um primeiro-sargento em vias de promoção. Que respeito os homens poderão ter por nós, depois? Os oficiais estão lá, tendo a sua comida à parte, a sua vida isolada dos praças. E nós aqui. Não podiam pelo menos fazer com que tomássemos as refeições num horário diferente? Quando voltarmos para o Brasil, eu vou contar tudo, todos ficarão sabendo as humilhações que tive de sofrer.

Olho as minhas divisas de sargento, tão apagadas, tão esquecidas. O que tenho eu com isso? Será a minha miséria moral superior à dos praças rasos? Não estamos todos imersos no mesmo mar humano? É possível que Anésio se agarre a umas frágeis tábuas, é possível que procure alguma ilhota abrigada. Quanto a mim, não há remédio. Já pensei numa luzinha no crânio, numa lucidez hipotética, que me tornasse diferente do miserável e triste mar que vejo em volta. É tudo ilusão.

Por isto mesmo, não sei o que dizer ao sargento Anésio. Dirijo-lhe um olhar vago e encaminho-me para a fila do jantar.

19

O navio mudou de rumo, e o mar está menos encapelado, os dias menos cinzentos. Aparecem pássaros e vestígios de vegetação terrestre. De repente, surge um barquinho, com dois negros de tanga. Corre-se à amurada para olhá-los. Alguém grita:

— Como é, ó meu, a guerra ainda tá longe daqui?

Um dos pretos agita os braços e parece responder qualquer coisa. Ouço risadas. Ninguém mais tem dúvidas de que estamos acompanhando o litoral africano.

Vendo ao longe o contorno de uma serra, depois de onze dias de céu e mar, ficamos todos contentes. A proximidade da costa dá uma sensação de segurança, de bem-estar. Quando o contorno da serra se define melhor, aparecem na mesma direção, muito longe, dois dirigíveis.

— Vamos entrar no estreito de Gibraltar — anunciam os alto-falantes e acrescentam algumas explicações bastante confusas e inexatas sobre o que se verá à direita e à esquerda.

O que mais impressiona os praças não é o penhasco em atitude leonina, mas a branca e pitoresca Tânger, do outro lado do estreito. Distinguem-se, à distância, um prédio de apartamentos, uma praça, algumas ruas. Uma cidade! E isto significa a vida familiar de todos os dias, bares, cafés, cinemas. Olhares compridos de saudade acompanham o casario branco e irregular que vai surgindo ao longe. Chega, porém, a hora de formar a fila do rancho, e, apesar da grande proporção de convocados, a tropa em peso reconhece a lei básica da vida militar: primeiro a boia, depois o resto.

Ante os olhares sequiosos de terra, desfila a costa montanhosa de Marrocos. Rochas e bancos de areia. De vez em quando, um minarete ou um grupo de três ou quatro casas brancas no cocuruto de um monte. Depois, de novo rochas, de novo areia.

Após a ordem de descer para os compartimentos, o rádio avisa que ninguém deve se assustar se ouvir estrondos fortes. "É possível que os navios da escolta atirem bombas de profundidade, por precaução." Nada disso acontece, mas há olhares apreensivos brilhando no lusco-fusco do compartimento.

Depois que o navio bordejou por mais um dia o litoral africano e passou ao largo de vários portos, o que deu lugar a acaloradas discussões entre alguns estudantes convocados, diante de cada cidade importante, sem que se chegasse a concluir se era Orã, Túnis ou Bizerta, os alto-falantes anunciam, com a voz atrapalhada de sempre, que vamos desembarcar em Nápoles amanhã. Mas não dizem isso diretamente: uma emissora de Nova York transmite que a BBC anunciou...

Aparece uma mesinha no convés, e o capitão Crispim efetua ali a troca do nosso dinheiro brasileiro por liras de ocupação — uns papeizinhos esquisitos que nem parecem dinheiro.

O navio muda novamente de rumo. Ilhotas rochosas desfilam sobre um mar quase parado. Lampedusa? Pantelária? Lampione? Os geógrafos continuam a sua improfícua discussão. Sinto de repente uma tristeza, uma angústia sem nome e aparentemente sem causa.

20

De longe, o casario de Nápoles parece acolhedor, com as suas cúpulas, o seu colorido, os contornos estranhos em face do Vesúvio. Aos poucos, porém, os contornos delineiam--se melhor: as cúpulas brilhantes e os palácios no alto das colinas servem de fundo a casas velhas e miseráveis. E depois que o navio passa em meio a vasos de guerra americanos, ingleses, franceses, de todos os tipos, de todos os tamanhos, e sobre os quais há dezenas de balões cativos da defesa antiaérea, vão-se tornando mais visíveis os estragos junto ao cais: navios de casco para o ar, outros partidos ao meio, chaminés emergindo à superfície, esqueletos de edifícios, um amontoado informe de escombros, sobrados sem teto, estátuas decapitadas, um mundo inesquecível, lúgubre, de alucinação e demência.

A estação de desembarque ainda conserva as linhas majestosas, apesar dos rombos e dos montões de caliça acumulados na frente. No alto do prédio, dois cavalos de bronze, erguidos sobre as patas traseiras, parecem equilibrar-se por milagre sobre aquele universo desmantelado. O seu toque de perfeição acadêmica, de cópia de um outro mundo, o mundo clássico imerso em serenidade, frisa ainda mais o contrasenso que há em tudo isso.

No cais, um pelotão de soldados americanos e uma banda militar.

Vem a ordem para descer para os compartimentos e aguardar o desembarque. Aparece o capitão Crispim, muito pálido, os olhos perplexos. Avisa-nos de que devemos ter paciência, pois vamos para um lugar afastado da cidade, onde a água é escassa e é preciso tomar cuidado com a malária. Provavelmente, hoje não se terá comida, mas o capitão espe-

ra que todos compreendam a necessidade de resignar-se. A estas palavras, olho os rostos incolores dos meus companheiros e vejo refletida neles a costumeira indiferença ovina.

Sinto de repente um vazio no estômago e uma revolta sem nome, enquanto vejo o capitão tirar do bornal um grande chocolate americano e devorá-lo ante os olhares gulosos dos seus comandados (e eu que perdi o pequeno almoço, servido às quatro da manhã!).

Finalmente, os alto-falantes transmitem a ordem de desembarque, e as unidades começam a deixar o navio. O capitão Crispim caminha na frente da Bateria-Comando, vergado sobre a mala de campanha muito grande e disforme, a lona verde quase rebentando. Nós outros avançamos em fila indiana, em silêncio, curvados sob os Sacos A. Os marinheiros americanos estão entretidos na limpeza do navio. Aceitam o desembarque como uma rotina. Os quatorze dias que passaram com a tropa brasileira não criaram aparentemente qualquer ligação entre eles e os homens que transportaram para a guerra. A nossa tropa, tão estranha e heterogênea para quem a visse de fora, caracterizava-se por uma expressão de atordoamento e uma desconfiança que dificultavam qualquer aproximação.

Os praças estão alvoroçados com o fim da viagem. Descem a prancha, largam os sacos nos caminhões e dirigem-se para a rua.

As unidades ficam formadas, à espera da ordem de marcha. Depois, começa o desfile. A tropa vai beirando o cais em passo ordinário. Há destroços por toda parte. Mulheres magras, de rostos apáticos, aparecem à janela das casas meio destruídas. Um ou outro moleque esfarrapado para e coça o nariz, estranhando aquela tropa tão diferente das outras, com gente grande e pequena e uma mistura incrível de tipos e raças. "Russi?", pergunta um deles, apesar do escudo com a cobra fumando e com o nome Brasil, pregado junto à ombreira de cada um. "Tedeschi, tedeschi!", gritam outros, fugindo alvoroçados, pois o uniforme brasileiro lembra pela cor o alemão.

Dobramos para a esquerda e percorremos ruas mais movimentadas. Há muitas lojas, vitrinas vistosas e uma multidão heterogênea, com fardas multicores.

Chegamos à estação de janelas e portas muradas, com exceção das estritamente necessárias. Vozes de comando, apitos, policiais americanos dando ordens. O trem põe-se em movimento. Um pedaço de paisagem, túneis e mais túneis, casas velhas e sujas, lembrando cortiços e favelas do Rio de Janeiro (não, piores, certamente muito piores!).

O condutor italiano, um velhinho camarada, é rodeado por um grupo ansioso de saber se nesta cidade é fácil arranjar mulher. O velhinho ri e faz gestos obscenos. Campos, pomares, ameixeiras e pessegueiros carregados, estações de prédios carunchosos e crianças esfarrapadas e famintas, que chegam à janela do trem e gritam: "Una sigaretta, paisano!". Um policial italiano, de arma a tiracolo, empenha-se em enxotá-las.

A estação final tem uma grande tabuleta "Bagnoli" e algumas inscrições, que vamos soletrando devagar. As unidades formam de novo e reinicia-se a marcha, desta vez sem cadência. A coluna arrasta-se pela estrada, entre nuvens de poeira.

Ao cair da tarde, suados e meio tontos, subimos um morro, entre hortas e pomares, atravessamos um portão com sentinela italiana e começamos a descida para um vale amplo, coberto de um bosque ralo. Espiando para o alto do morro, vê-se uma muralha de pedra. Dos quatro lados, apenas morro. Um murmúrio estranho percorre as fileiras: estamos descendo para o fundo da cratera de um vulcão extinto!

Chegamos a um grupo de barracas e a uma aglomeração de ambulâncias cinzento-esverdeadas, com grandes cruzes vermelhas, e cada um recebe duas latinhas, das mãos de um americano de macacão verde. Em seguida, o capitão Crispim conduz a bateria para o local designado.

Tiramos a colher do bornal e vamos abrindo as latas. Feijão branco e carne. O gosto é esquisito, mas o estômago aceita tudo. Na outra lata, biscoitos e um pacotinho de café, chocolate em pó ou extrato de limonada.

Deitamo-nos satisfeitos na poeira. Formam-se grupos e acende-se fogo para o chocolate ou o café. Os que receberam limonada fazem cara azeda. Mas os demais repartem com eles o café e o chocolate. Conversa-se molemente.

As sombras descem sobre as árvores.

Vamos apanhar os sacos trazidos de caminhão. Cada um tira duas mantas e enrodilha-se feito gato. Sopra uma aragem quase fria, que não é de todo desagradável.

GUERRA EM SURDINA

1

Os homens, que já se sentiam esquecidos pela pátria, abandonados por todos, tiveram este sentimento reforçado pelos vinte dias que passaram na cratera do vulcão extinto. Quase isolados do mundo exterior, condenados à inatividade, não dispondo de armamento de qualquer espécie e não compreendendo o porquê daquele campo de concentração, em território recém-conquistado ao inimigo, pareciam tudo, menos uma tropa destinada a entrar brevemente em combate.

Mundo estranho e diferente, aquela cratera! Não se ouvia ali o canto de um pássaro, não se via sequer uma borboleta. As árvores tinham as folhas cobertas de poeira escura, cada automóvel que passava erguia verdadeiros turbilhões, e, andando, fazia-se surgir uma nuvem atrás de si. Almoçava-se e jantava-se poeira, a própria alma parecia recoberta de uma película de pó.

Percebendo o nervosismo que se apoderava de todos, o comando preparou-se, com uma série de medidas disciplinares, para enfrentar a situação. Como não houvesse um local previamente preparado para o xadrez, sem o qual não se compreendia a existência de uma tropa acantonada, improvisaram-se "galinheiros", isto é, cercados de bambu, onde os condenados ao xadrez eram deixados durante o dia. Mas ninguém se incomodava com aquilo, a apatia geral tornava insignificante a diferença entre a vida nas barracas minúsculas e a que se podia levar no cercado, mesmo quando este se localizava no local mais poeirento da cratera.

Os homens passavam o dia nas barraquinhas superaquecidas. Aqueles lares a dois eram bem incômodos, mas conseguia-se imprimir-lhes um encanto quase familiar. Entrava-se em casa de gatinhas, e ali se encontravam o retrato da mãe ou da namorada, alguma lembrança especial, um recorte de revista, a fotografia da casa em que se morou, etc. E à noite, havia longas prosas. Fechava-se bem a entrada da barraca, por causa do blackout, e iluminava-se o interior com uma lamparina improvisada: barbante mergulhado numa garrafinha de repelente de mosquito.

Também de noite, fazia-se uma ronda ridícula: o praça andava sozinho e desarmado naquele labirinto de barraquinhas iguais. Ninguém o informava sobre o que se deveria fazer em caso de bombardeio aéreo. Ficava-se de mãos abanando, pensando na vida e na guerra, prestando atenção aos ruídos ou procurando a barraca do substituto na ronda. De vez em quando, aviões inimigos descarregavam bombas sobre o porto. O chão estremecia, mas era algo distante, não dava para ficar com medo, parecia uma guerra de cinema ou de cartão-postal.

Os dias iam passando, comia-se bem, dormia-se demais, conversava-se com os companheiros. E era cada vez mais insistente, no íntimo de cada um, a pergunta: pra que tudo isso?

2

A cozinha ficou a cargo do segundo-sargento Francisco Ferreira, recém-transferido da Segunda Bateria. Tratava-se de um rapaz miúdo e franzino, de ar assustado.

Como fosse muito trapalhão, vivia mudando de sub-unidade, pois cada comandante fazia tudo para transferi-lo. Contava-se que, antes de vir para a FEB, conhecera toda uma série de unidades. Dizia-se também que tinha a mania de esconder papéis. Na última unidade em que estivera, trabalhava na Casa das Ordens. Tendo medo de perder algum dos documentos confiados à sua guarda, costumava escondê-los embaixo do colchão. Mas, apesar de tais precauções, perdera um ofício importante, o que resultara em nova transferência, dessa vez para a FEB. Pelo menos, assim diziam as más línguas.

Na cozinha, ficou atrapalhado com a lataria fornecida pelos americanos. Passava horas a fio contando as latas, uma grande folha de papel na mão. Mas, quase sempre, antes de chegar ao número cem, pensava sem querer em sua noiva, na "inesquecível Amparo", como escrevia em suas cartas diárias, e acabava perdendo todo o trabalho. Recomeçava a contagem, para se atrapalhar novamente e voltar mais uma vez ao ponto inicial.

Tal foi a confusão provocada por ele na cozinha que o oficial aprovisionador do Grupo, embora fosse um tenente camarada e boa-vida, queixou-se dele ao capitão Crispim. Em consequência, o sargento Ferreira viu-se demitido de mais uma função, e passou a partilhar a vida folgada dos companheiros. Aliás, não pedia outra coisa. Passava agora os dias dormindo, e só acordava para comer. Depois de cada refeição, tirava do saco uma caixa de papelão, onde guardava envelopes e papel de carta, abria o bornal, apanhava caneta e tinta e começava a escrever com uma letra bonita e afeminada: "Inesquecível Amparo!".

No navio, recebera o apelido de Birutinha, por analogia com a biruta puxada por um avião, nos exercícios de tiro. Na cratera, porém, o apelido já se transformara em Birundinha, e assim ficou até o fim da guerra.

Todos gostavam dele, e, embora o olhassem com ironia, os soldados sempre diziam "sargento Birundinha", o que era, apesar de tudo, um tratamento quase respeitoso.

3

O doutor Beija-Flor vivia assustado. Tinha medo de falar com o coronel, medo de não ser incluído na lista de promoções, medo de que alguém lhe faltasse ao respeito, medo de que as mulheres da terra reparassem demais na sua figurinha gorducha e grotesca. E aquele medo permanente tornava-o sempre explosivo e brutal no trato com os subordinados.

Os oficiais estavam alojados em grandes barracas de lona, mas assim mesmo o ar ficava superaquecido, o ambiente irrespirável. Quase todos se instalavam fora das barracas, mas o doutor continuava esparramado em sua cama de campanha, suando em bica. Era inútil procurá-lo com uma gripe, uma dor de garganta, um talho que se dera no dedo ao abrir uma lata de comida, pois ele passava os dias naquela moleza de ostra, de marisco.

Um dia, chegaram oficiais americanos. Os praças da unidade foram dispostos em fila indiana, e passaram diante do doutor Beija-Flor, enquanto os americanos conversavam à distância, em voz baixa. O doutor mandava descer as calças, dava uma olhada rápida nos órgãos genitais do praça e dizia: "O seguinte!". Alguns rapazes com doença venérea foram separados num grupo e enviados a um hospital de Nápoles, de onde vários seriam recambiados para o Brasil. Jaime, o mulatão, resmungou: "Que azar! Quem mandou eu me tratar antes do tempo!".

Mas, depois desse dia de tanto trabalho, a vida do doutor Beija-Flor voltou ao ramerrão de sempre, com a sua mo-

leza, o seu medo, a sua falta de receptividade em relação às demais criaturas.

4

Chegou ordem de acabar com aquela inatividade. O capitão Crispim reuniu a Bateria e fez uma preleção sobre os perigos da vida ociosa. E logo se voltou às ocupações enfadonhas do quartel: ordem-unida, digressões sobre os deveres do militar, instruções sobre o Regulamento de Continências. De vez em quando, havia também educação física: um exercício exaustivo, que não coincidia, quase nunca, com o banho que se tomava, três vezes por semana, num chuveiro coletivo instalado pelos americanos, que aproveitaram para esse fim uma fonte de água sulfurosa, morna e fétida, existente no fundo da cratera.

Nos intervalos de tais ocupações, os praças absorviam-se geralmente em suas tarefas domésticas: pregar um botão, ajeitar um pouco a barraca, lavar a roupa. O botão ficava quase sempre mal pregado e a roupa continuava encardida, mas, aos poucos, ia-se aprendendo a executar uma porção de tarefas enfadonhas. Felizmente, apareciam praças dispostos a esses pequenos serviços, mediante remuneração. Devagar parecia lavadeira profissional. As calças arregaçadas, uma toalha na cabeça, ficava esfregando roupa numa tina improvisada, cantando: "Até parece que tou na Bahia". Marcharré aparecia também no espaço reservado à bateria do capitão Crispim:

— Lavo e engomo qualquer uniforme, roupa de baixo, lenços, é barato, freguês. Não sou eu que quero, quem manda é a Coordenação da Mobilização Econômica.

Levava a roupa recolhida para a sua barraca, onde a passava depois a uma velhota italiana, que se esgueirava entre as barraquinhas, ansiosa de encontrar algum trabalho em troca de latinhas de comida.

Todavia, a maior parte do tempo se gastava com a ordem-unida, entre nuvens de poeira, sob o comando do tenente Raposo. Resmungava-se:

— Vamos esmagar o alemão com tanta ordem-unida e tanta continência.

Mas o tenente Raposo continuava imperturbável:

— Direita, volver! Esquerda, volver!

5

Era bem limitado o contato com o povo do país. Num dos primeiros dias no acampamento, o capitão Crispim reuniu a tropa e lembrou que estávamos em país inimigo. Proibia-se qualquer intercâmbio com os italianos, não se podia comprar nem vender coisa alguma, nem aceitar qualquer espécie de presente. Lembrava, sobretudo, que não se devia beber nada oferecido pelos habitantes: eles fabricavam muitas vezes as suas beberagens com álcool de madeira, que produzia cegueira em 99% dos casos. E que não se esquecessem: o inimigo lançava mão dos expedientes mais diversos para exterminar soldados aliados: tiro pelas costas, punhalada em rua deserta, comida envenenada em restaurante popular, etc.

Ninguém ficou então sabendo que aquela mesma "população inimiga" rebelara-se contra os alemães, dias antes da entrada dos Aliados na cidade. Homens, mulheres e crianças, famintos e andrajosos, armaram-se de velhas espingardas de caça, facões, punhais, granadas de mão surgidas como por milagre, e enfrentaram o inimigo em suas vielas tortuosas. Agora, porém, procurava-se avivar ressentimentos:

— Os submarinos deles também afundaram os nossos navios.

Ninguém tinha certeza, mas a frase circulava.

Olhavam-se com desconfiança uns rapazes que vinham de noite, para conversar, e contavam como fora insuportável a vida sob a ocupação alemã, como eles odiavam o fascismo, etc.

Apareciam também algumas velhas maltrapilhas, catando restos de comida na fossa de detritos. Não tinham rosto de gente, nem expressão humana, estavam reduzidas ao derradeiro grau de sofrimento.

Uma comiseração desconfiada, em que havia muito de asco e desespero humano, era o que os praças sentiam, depois daqueles primeiros contatos com a população.

6

À margem da estrada, quase pegado ao acampamento brasileiro, havia uma tropa italiana bastante numerosa, pertencente ao exército de Badoglio. Tinham lutado contra os Aliados, e agora aprestavam-se para combater ao lado dos inimigos da véspera.

Quando o tenente Raposo vinha com a Bateria em passo acelerado, os italianos saíam das barracas, a fim de olhar os novos aliados. Usavam uniformes verdes, mas bastante diferentes dos brasileiros. Não havia, tampouco, entre eles tanta gente franzina e de ar doentio. Todos tinham bons dentes e uma cor sadia. Pareciam cuidar bastante de si. Muitos usavam cavanhaque e grandes bigodes retorcidos. O seu aspecto marcial contrastava singularmente com o das velhas que vinham catar restos de comida no acampamento.

A educação guerreira deixara neles fortes resquícios. Se estavam conversando e aparecia um oficial, levantavam-se num salto e faziam continência impecável. Eram exímios na ordem-unida e, quando passavam marchando, nunca se ouviam as flutuações de cadência habituais em nossa tropa.

Não foi difícil entrar em contato com aqueles bigodudos guerreiros. Ao escurecer, vinham até o acampamento brasileiro. Perdiam toda a marcialidade, tornavam-se umas pobres criaturas aniquiladas. Queriam cigarros, eram verdadeiros mendigos, e os praças iam-se desfazendo de parte da sua reserva, pois ainda não haviam descoberto que os cigarros constituíam verdadeira preciosidade.

Os brasileiros sempre faziam perguntas sobre a guerra e o fascismo. Era infalível ouvir então uma objurgatória contra os poderosos da véspera. Muitas vezes, percebia-se algo sincero em tais ataques. Geralmente, porém, apesar da pressa em condenar o fascismo, sentia-se naqueles homens, antes de tudo, apatia, indiferença, cansaço. Todos deblateravam contra aquela guerra iniciada "senza pane, senza scarpi, senza soldi", mas isso mesmo dava a entender que almejavam, principalmente, um pouco de pão, um par de sapatos novos e algum dinheiro, em companhia do que sobrara de suas famílias.

O capitão Crispim referia-se a eles com desprezo.

— Estes gringos não souberam perder com dignidade e, agora, correm a bajular a gente, a pedir uma arma em troca de comida.

O sentimento geral em relação àqueles italianos era, no entanto, mais complexo, e uma dose de simpatia misturava-se ao desdém e à desconfiança.

7

Um dia, os italianos abandonaram a cratera em caminhões, fazendo gestos espalhafatosos e gritando adeuses. Em seu lugar, veio estabelecer-se uma tropa da divisão negra americana.

Eram quase todos grandes e robustos, de pigmentação que variava do preto retinto ao mulato claro. Havia, mesmo, indivíduos que, aparentemente, em nada se distinguiam de qualquer branco americano. Mas um antepassado negro e um lábio um pouco mais grosso tinham sido suficientes para classificar um soldado como "colored".

Os oficiais eram na maioria brancos e mantinham-se distantes dos comandados, sem as familiaridades que às vezes se podia ver entre oficiais e soldados americanos brancos.

Houve comunicação intensa entre os dois acampamentos. Arranhava-se o inglês, os pretos lembravam uma ou outra palavra espanhola, e uma gesticulação intensa supria o resto. Circulavam retratos, soltavam-se interjeições. E, sobretudo, fazia-se música. Os pretos vinham ouvir sambas, os brasileiros esgueiravam-se entre as árvores, a fim de ouvir canções Dixie. A mesma queixa, a mesma saudade, em ritmos e línguas diferentes, subia aos céus, entoada com os timbres mais diversos.

8

Soube-se que seriam dadas permissões para ir a Nápoles. Durante dois ou três dias, foi o assunto principal nas longas conversas de barraca.

Na véspera da saída, o capitão reuniu a Bateria e reiterou as recomendações anteriores. Os soldados só poderiam fazer compras em estabelecimentos designados para as tropas aliadas, bem como só entrar em restaurantes e bares especiais. Recomendava que sempre andassem em grupos e não entrassem em ruas transversais. E, principalmente, nunca penetrassem em estabelecimentos ou ruas marcados com a placa "Off-Limits".

Finalmente, os praças da Bateria, escalados por ordem

de antiguidade pelo sargento Anésio, trataram de arrumar os uniformes de saída. Geralmente, as calças ficavam pela metade das canelas, e a gola da túnica, quando abotoada, quase provocava a morte por asfixia. Mesmo assim, todos trataram de melhorar a indumentária. Um rapaz magro, o Bonito, de orelhas em abano e rosto com muitas espinhas, passava horas seguidas diante de um espelhinho, ajeitando o vinco do cabelo fortemente engordurado. Para alisar as calças, costumava deixá-las de noite sob a manta com que forrava o chão da barraca. Dizia-se que dormia com o corpo duro, para não as amassar.

Após o almoço, a turma que ia sair apresentou-se ao comandante do Grupo, que examinou cada um da cabeça aos pés. Não tinham importância as calças encolhidas ou tão apertadas que o soldado precisasse andar com muito cuidado, a fim de não as rasgar. O gorro sem pala podia ficar no alto da cabeça ou descer sobre as orelhas. O importante era que todos os botões estivessem pregados nos devidos lugares, e a isto se reduzia o exame pelo coronel.

Terminada esta primeira inspeção, a turma teve de se apresentar a um oficial do Quartel-General. Nova espera, seguida de outro exame minucioso de cada botão do uniforme. Depois, um cabo foi perguntando aos praças o número e o nome, para entregar-lhes, meia hora mais tarde, os passes de saída. Finalmente, às duas e meia, cada um recebeu o seu pacotinho com preservativos contra doenças venéreas, e a turma subiu num caminhão. Chegando à cidade, foram todos avisados de que deveriam voltar para o caminhão às quinze para as seis.

— Quase não valia a pena — resmungavam os praças.

A cidade com que se entrou em contato era bem diferente da Nápoles das canções, dos romances e dos cartões-postais. Era, antes de tudo, uma cidade feia e triste, transformada em algo intermediário entre um acampamento e um bordel para soldados.

Viam-se ali duas ou três ruas largas, com edifícios do começo do século e alguns outros de puro gosto fascista, que mais pareciam enormes paralelepípedos de granito. Circulava por elas verdadeira multidão uniformizada. Indianos de turbante alto passavam ao lado de senegaleses de fez vermelho e faces tatuadas com três riscos profundos. Marroquinos bronzeados pareciam muito desajeitados nos seus uniformes franceses. Louros ingleses de *short*, com ar de escoteiros, um jeito de quem estivesse brincando de guerra. Robustos americanos e franceses esbeltos, a malícia parisiense nos olhos. E australianos, neozelandeses, canadenses, palestinos, poloneses, num torvelinho ao qual vieram juntar-se os brasileiros, ainda atordoados com a mudança de ambiente e as novas emoções.

Aquela multidão enchia as calçadas, entrava nas lojas providas principalmente de bugigangas coloridas, comprava frutas nas calçadas, falava alto, soltava pragas e palavrões.

Os poucos civis que se viam nas ruas andavam quase espremidos contra as paredes, deixando os passeios livres aos militares. O que impressionava mais nos habitantes da cidade não era a magreza, nem o ar doentio, mas, antes de tudo, os rostos parados, inexpressivos, cansados de sofrimento. Podia-se andar dias a fio sem encontrar um sorriso ou um olhar mais afável. Sempre a mesma dureza, um misto de apatia e esgotamento.

No meio da multidão uniformizada, circulavam bandos de moleques, de sete a quatorze anos, ágeis, espertos, com olhos de adulto, de quem já conhece todas as misérias. Eram os cicerones dos soldados. Conheciam duas ou três frases em inglês, enfim o suficiente para transformá-los em iniciadores nos mistérios sórdidos da cidade. Agarravam os militares pela manga da túnica, perguntavam-lhes: "Do you

want a girl?", e sussurravam palavras misteriosas sobre "two sisters, una bionda, l'altra bruna", que o moleque tinha em casa.

Guiados pelos scugnizzi de olhar malandro, os rapazes uniformizados abandonavam as ruas principais e penetravam nas vielas proibidas, naquele labirinto de ladeiras estreitas e mal calçadas, que se estendia além das placas "Off-Limits". Tudo ali parecia diferente, um mundo sujo e repugnante, que fedia a urina e lixo. As casas eram velhas e feias, de quatro a cinco andares, e, por cima da rua, havia cordas estendidas, com roupa secando. Sobre os passeios, crianças nuas, imundas, arrastavam-se aos pés dos transeuntes. E, no ar, pairava um rumor confuso de choros, gritos, brigas, discussões.

"Vedere Napoli e poi morire." Pois sim, só se for de desgosto!

Tendo parado junto a uma vitrina com camafeus, João Afonso viu um meninote de oito anos, muito louro, metido num paletó comprido e numas calças curtas cheias de remendos.

O garoto olhou para o escudo com o nome Brasil, que João Afonso trazia no braço, e, como não conhecesse nenhuma palavra de espanhol, que ele sabia ser a língua falada pelos brasileiros, foi perguntando:

— A girl? Une femme? Una signorina? Fique-fique?

João Afonso fez não com a cabeça, e o menino prosseguiu:

— Eat? Manger? Mangiare? — pergunta que se tornou ainda mais incisiva, depois de acompanhada do movimento característico dos dedos diante da boca.

Enquanto João Afonso era introduzido por uma menina magra, de luto, numa sala baixa, onde havia mesas cobertas com grandes folhas de papel de embrulho, à guisa de toalhas, Pirulito entrava, guiado por outro menino, num casarão a cinquenta metros dali e subia para o quarto andar, levantando uma poeirama sob os pés e fazendo ranger de modo assustador a escada de madeira. "Queria ver se fosse o sargento Anésio", pensou sorrindo. O moleque bateu na porta e apareceu um rapaz que introduziu Pirulito num quarto pequeno, em que havia uma cama, uma mesa e duas cadeiras. Sentada na cama, de camisolão, uma mulher magra e loura, as faces macilentas exageradamente pintadas, conversava despreocupada com um casal de meia-idade, acomodado nas cadeiras.

João Afonso sentou-se e ficou esperando. Veio uma senhora magra, de luto como a menina, e lhe trouxe o cardápio: uma folha de papel rabiscada a lápis, onde se dizia que o freguês podia escolher entre um prato de talharim e dois ovos estrelados. João Afonso pediu o talharim. Pouco depois, voltava a italiana, com um prato de talharim muito aguado, misturado com um pouco de molho de tomate, o mesmo que João Afonso estava cansado de receber no rancho.

Desiludido com a comida, pediu uma garrafa de vinho tinto. Era igualmente intragável: azedo, indigesto. Fez uma careta, mas assim mesmo continuou sentado, a garrafa e o copo na frente. Queria familiarizar-se com o ambiente.

A chegada de Pirulito não provocara a menor modificação no quarto. O casal cumprimentou-o discretamente, e a mulher fez um gesto para que se sentasse na cama. Depois, retomou o fio da conversa.

Seriam mesmo pessoas da família? O menino seria realmente fratello da moça? Apesar da necessidade de procurar mulher, que estivera abafada pelo choque físico da viagem, mas que, nos últimos dias, incomodava-o muito, Pirulito fez um esforço para não sair correndo escada abaixo.

Na sala em que estava João Afonso, entrou um homem alto e moreno, de faces cadavéricas, que sobraçava um violino, acompanhado de uma bonita bambina de cinco anos.

A menina tinha as pernas cobertas de feridas e uma expressão de espanto nos olhos escuros.

Depois que o homem colocou o instrumento em posição, a menina deu um passo na direção de João Afonso. O violino emitiu um rangido, e a menina começou a cantar "Vieni sul mare". O violino rangia e a criança gritava esganiçadamente, a voz rouquenha, quase rompida.

João Afonso deu ao homem uma nota de cem liras, certo de que ele iria embora. Mas o tocador fez questão de mostrar a sua gratidão. Depois de balbuciar várias vezes "grazie, grazie", pôs novamente o violino em posição. João Afonso teve de ouvir ainda "Torna piccina mia", "Strada nel bosco", e mais teria ouvido, se a patroa, que notara o seu estado de espírito, não tivesse dito algumas palavras quase no ouvido do tocador. João Afonso sentia-se pesado, rude, sem alma. Talvez nem soubesse mais afagar o rosto de uma criança.

"Você não deve pensar, Pirulito. O essencial é não pensar. Tire as calças e pronto. A guerra exige uma simplificação, e você é bem capaz disso. Simplicidade, lucidez e bom humor. E deixe de lado esses escrúpulos."

João Afonso viu entrarem na sala dois americanos louros, fortes, simpáticos. Sentaram-se e pediram vinho. Depois, enquanto um deles permanecia de cabeça baixa, o outro se levantou e dirigiu-se a João Afonso.

— Brasiliano, brasiliano, vieni qua!

Estava contentíssimo por encontrar um brasileiro. E, enquanto o seu companheiro continuava calado e cabisbaixo, foi-se expandindo:

— Oh, yes, Brazil, Brazil! Finita la guerra, io andare in Brasile. Yes, yes. Io voglio tanto conoscere il Brazil! It must be wonderful. Oh! Brazil! Bella signorina, buona fruta, banana, avocado! Do you know? I like Carmen Miranda. Oh, yes, yes!

Ia emborcando copos e mais copos. Insistiu também com João Afonso:

— Questo vino bianco non è cattivo, no. I assure you!

Mas o vinho branco não era melhor que o tinto. João Afonso sentia um gosto ácido na boca, um peso no estômago e a cabeça girando acelerado.

O americano mostrou-lhe retratos da mulher e do filhinho recém-nascido e, depois, o de uma bela morena.

— Oh, si, questa è la mia fidanzata italiana. Do you know? Vita di soldato... always bum-bum-bum... you need... bisogna un pò d'amore... oh, yes!

Saíram os três e João Afonso não conseguia desfazer-se do loquaz companheiro, que lhe segurava o braço, numa intimidade incômoda. João Afonso corava, parecia-lhe que ia ver surgir de uma esquina o seu pai ou mana Fernanda. O americano gritava, gesticulava, apanhou frutas sem pagar, numa carrocinha parada na esquina. E João Afonso sentiu uma vergonha imensa, que parecia cobrir com algo viscoso as casas, a calçada, o próprio céu, aquele tão decantado céu de Nápoles.

João Afonso e Pirulito misturaram-se à turba de praças que descia a ladeira. Todos vinham de cabeça baixa, encolhidos. Passaria algum tempo antes que cada um contasse aos companheiros a sua experiência, o seu contato com a podridão ambiente.

No caminhão, alguém comenta que é preciso calejar o espírito. Mas cada qual continua imerso em seus próprios pensamentos. Depois que o caminhão se põe em movimento, um mulatinho franzino começa a vomitar, e os companheiros afastam-se cautelosos, mas continuam com o olhar vago, que já adquiriu quase a apatia e a indiferença dos habitantes de Nápoles, encontrados pouco antes na calçada.

9

Cada praça foi só uma vez a Nápoles. E a rotina do acampamento voltou ao que era dantes, com a mesma instrução física estafante, as mesmas marchas entre nuvens de poeira, as mesmas aulas sobre o Regulamento Disciplinar.

A tropa estava inquieta. Apesar da repugnância que se sentia pela miséria moral da população, a facilidade de satisfazer o instinto sexual era um acicate permanente. E havia também o desejo de conhecer um pouco o país, aprender a língua, travar relações.

Tudo isso resultou no que ficou sendo conhecido como "a batalha do muro", isto é, a batalha por uma escapada do acampamento.

Escaramuças da cruenta luta foram travadas ainda nos primeiros dias de permanência no fundo da cratera. O "Reconhecimento" saíra no dia da chegada, na pessoa de João Ventania, tipo esquisito, de pouca conversa, que sempre gostara de farrear sozinho. Mas este pulo valeu-lhe um mês de galinheiro, pois ele foi encontrado pelo general da infantaria, numa praia da vizinha cidade de Pozzuoli.

Esporadicamente, houve ainda outras escapadas. Mas a batalha só começou a generalizar-se depois da suspensão das excursões a Nápoles.

Os praças subiam a encosta escarpada, agarrando-se aos troncos das árvores, escorregando, levando tombos. Chegando em cima, atravessavam o muro por um dos inúmeros rombos nele existentes e tomavam uma estrada que os levava ao sopé da montanha. De lá, caminhavam ainda quatro ou cinco quilômetros, para chegar a Pozzuoli, uma cidade triste e miserável, à margem da baía do mesmo nome.

Frequentemente, eram surpreendidos em meio à escalada pelos homens da Polícia Militar, armados de cassetetes.

Travavam-se lutas encarniçadas, e, quando os policiais levavam a melhor, voltavam escoltando os prisioneiros, mas ambos os lados apresentavam narizes sangrando, pernas e braços machucados, escoriações por todo o corpo.

Era frequente, porém, encontrar-se uma patrulha camarada, cujo comandante advertia:

— Olhem, já que eu peguei vocês, é bom vocês voltarem. Assim se evita complicação. Depois, se não quiserem me encontrar de novo, tratem de subir do outro lado.

Havia polícias que, ao pegar um fujão no caminho de volta, só lhe perguntavam:

— Você traz vinho?

— Não.

— É pena. Mas pode descer. Cuidado, que tem outra patrulha adiante, e o cabo de lá é mais durão.

Enfim, o pulo a Pozzuoli, a "tocha", como diziam os praças da infantaria, tornou-se uma espécie de batismo de fogo. Apontavam-se a dedo os poucos caxias que não se atreveram a transgredir o regulamento e não arredavam pé da cratera. Soldados de comportamento exemplar, até aqueles dias, não resistiam à tentação e tornavam-se dos mais assíduos nas escaladas. Os galinheiros enchiam-se cada vez mais. Na maior parte das vezes, porém, nada podia deter o arrojo dos soldados, em sua investida triunfal sobre Pozzuoli.

A princípio, as coisas não correram mal na Bateria do capitão Crispim. O incidente com João Ventania fora um caso isolado, que parecia não ter atiçado o espírito de aventura dos outros praças. Satisfeito com o comportamento dos comandados, o capitão chegou a suprimir as chamadas diárias.

Depois da excursão a Nápoles, no entanto, começou a notar a ausência de muitos soldados, após a instrução da tarde. De uma feita, resolveu dar uma incerta: reuniu de repente a Bateria e mandou fazer a chamada; faltavam doze homens.

Como achasse o galinheiro um castigo demasiado deprimente, os fujões foram colocados frente a frente com a Bateria formada (para a especial solenidade, todos tiveram de se uniformizar com cinto e guarnição, perneira e capacete de lona) e, depois de um discurso muito cacete, condenados a duas semanas de serviço permanente, com supressão do almoço. Esta não os afetou demais, pois os companheiros repartiam com eles a comida. O pior era ter de rondar todas as noites. Mesmo assim, comentavam:

— Até que valeu a pena. A gente se divertiu bastante, comemos muita fruta, bebemos vinho, andamos com mulher. Agora, venha o castigo. Tá tudo certo.

O sossego não voltou mais à Bateria, e muitos soldados continuavam a ausentar-se à tardinha.

As informações sobre o que havia de bom nas redondezas eram fornecidas principalmente pelos moleques italianos que apareciam no acampamento, oferecendo moedas antigas ou alguma bugiganga, em troca de comida e cigarros, regateando muito, ensinando aos praças um italiano misturado com dialeto napolitano e salpicado de escabrosos palavrões.

Percebendo a inquietação dos praças, o capitão reunia frequentemente a Bateria, para discorrer sobre as vantagens da castidade. Dava a impressão de abordar o assunto com toda a sinceridade e de estar firmemente convencido da possibilidade de manter aqueles homens em estado de abstinência. Tal convicção do capitão Crispim era perfeitamente compreensível. Deixara no Brasil a esposa moça e bonita, com um filho de dois anos. A separação causara-lhe um choque profundo, e agora achava simplesmente inconcebível que se pudesse procurar uma daquelas italianas decaídas. Era tão intenso o asco que lhe inspirava a degradação moral provocada pela guerra que a curiosidade sexual, de que davam mostras oficiais e praças, parecia-lhe uma aberração monstruosa.

Mas a quase totalidade da tropa tinha opinião diferente sobre o assunto e, sobretudo, outros hábitos sexuais. Tal contraste só podia ter uma consequência: o capitão perseguiria os fujões, e os praças tudo fariam para escapar do acampamento.

Um dia, o capitão reuniu a Bateria e disse:

— Preparem suas coisas, vamos sair daqui amanhã.

Depois, em palestras mais particulares, deu alguns pormenores sobre o lugar em que a tropa ia ficar.

— É perto do front, numa região cheia de minas. Vai ser preciso poupar sempre a água, e é bem possível que haja dificuldades de abastecimento.

Mas os praças sorriam, lembrando-se das advertências do capitão sobre o acampamento da cratera.

Durante o dia, Anésio costumava ficar na sua Reserva, isto é, uma barraca maior, preenchendo o Livro de Alterações, em que se registrava o histórico da vida militar de cada praça da Bateria. Ajudava-o neste serviço o franzino cabo França, que desempenhara função semelhante no quartel. Ambos detestavam essa ocupação e, frequentemente, o cabo sumia em sua barraca e, pouco depois, o sargento seguia-lhe o exemplo.

Naquela tarde, o sargenteante viu o cabo França desaparecer mais cedo que de costume. Não ligou muita importância ao fato e permaneceu sentado diante do Livro, enchendo a custo, de vez em quando, duas ou três linhas. Queria adiantar o serviço, mas, como fizesse muito calor, a formulação dos períodos obrigava-o a um grande esforço mental.

Pouco demorou para que se sentisse muito cansado e fosse para sua barraca. Deitou-se sob o toldo aquecido, mas não conseguiu adormecer. Em volta, soldados conversavam sobre a escalada da véspera e faziam planos para o pulo da tarde. E então, o diabo começou a tentar o velho sargento:

— Deixa de ser trouxa, Anésio. Que adianta toda esta dedicação? De qualquer modo, a próxima promoção a subtenente vai ser concedida a algum puxa-saco e serás preterido mais uma vez. Aproveita a vida enquanto é tempo. Bem que te disseram que, no alto do morro, há uma casa com umas pequenas...

Nesse ponto, a imaginação de Anésio voou alto, apresentando-lhe mil quadros deliciosos, sobre os prazeres a desfrutar naquela casa do alto do morro. Mas, como estivesse muito habituado a controlar-se, uma vozinha impertinente foi-lhe sugerindo:

— Não, Anésio, não deves fazer aquilo. Lembra-te de que tens a folha limpa de qualquer punição. E isso influi muito nas promoções. Cuidado!

Tais vacilações eram agora muito frequentes no sargento Anésio. Passara anos seguidos numa vida metódica e burocrática de sargento da Casa das Ordens, vida medíocre e apertada, com muitas contas de fim de mês, uma mulher feia e doente e uma escadinha de crianças franzinas a sustentar e educar com um ordenado miserável. A possibilidade de ter nos braços uma mulher jovem e bonita fazia-lhe subir o sangue à cabeça.

Depois de se revirar algumas vezes e matutar sobre o assunto, teve uma ideia que lhe pareceu genial: iria falar com o capitão Crispim e pedir permissão para se ausentar do acampamento por algumas horas.

— Ora — pensou ele —, o homem não pode me negar isto. Afinal, é preciso levar em conta a minha dedicação e o meu comportamento exemplar durante tantos anos.

Não conhecia, porém, o melhor caminho para escalar o morro e tinha medo de se aventurar sozinho. Ao mesmo tempo, não queria subir com os outros praças. Não ficava bem, um primeiro-sargento não pode igualar-se à soldadesca reles. Mas, positivamente, o sargento Anésio andava inspirado: poderia subir com João Afonso. Ele costumava classificar a humanidade inteira em oficiais e praças. Na vida civil, os oficiais eram os doutores, os políticos, as pessoas importantes em geral. E João Afonso, com o seu curso de Medicina, assemelhava-se a um aspirante, em vias de promoção a segundo-tenente. Depois que o rapaz aprovou o plano, Anésio foi falar com o capitão Crispim, que não opôs objeções sérias.

Apenas explicou:

— Eu não dou passes de saída. Mas você pode ir por sua conta e risco. Suponhamos que eu não sei de nada. Peço-lhe também que saia em segredo, pois não quero que dê mau exemplo aos soldados. E, sobretudo, procure voltar o mais cedo possível.

E foi assim que o sargento Anésio lançou-se também na batalha do muro.

Se um avião de observação inimigo passasse sobre a cratera naquela tarde, o observador perceberia um movimento desusado na encosta. O seu binóculo haveria de acusar pequenos grupos arrastando-se entre o arvoredo e, no meio desses grupos, talvez notasse uma verdadeira montanha humana, avançando com dificuldade, parando e tornando a avançar.

Pobre Anésio! Fazia muitos anos que não cometia uma violência daquelas, e a bronquite crônica não lhe permitia um esforço continuado. Tinha de parar, encostando-se às árvores esturricadas, de raízes à mostra, e ficava bufando. João Afonso perguntava-lhe de vez em quando:

— Como é? Vamos voltar? Acho que o senhor não aguenta.

Mas o sargento não podia desistir tão facilmente de encontrar a italiana dos seus sonhos. Por conseguinte, depois de desabotoar completamente a gandola e bufar mais um pouco, continuou a subir. Frequentemente escorregava, mas ia agarrando-se às raízes e aos troncos das árvores, arranhando o rosto, suando e esfalfando-se.

Finalmente, chegaram ao alto do morro e respiraram aliviados. As barracas, embaixo, pareciam casinhas de brinquedo. A cratera toda aparecia como a goela escancarada de um monstro, e, do outro lado, ao longe, surgia o azul do golfo de Nápoles.

Junto à brecha do muro, encontraram uma patrulha de mulatos americanos. João Afonso foi soltando algumas frases em inglês, o que deixou os rapazes contentíssimos. Encostaram as carabinas ao muro e ficaram falando depressa, mascando goma e mostrando os dentes brilhantes. Ofereceram cigarros e, como João Afonso os recusasse, fizeram questão de que aceitasse ao menos alguns caramelos enormes, que um deles trazia no bolso do blusão. Depois de algumas piadas, que João Afonso compreendeu a muito custo, despediram-se e prosseguiram em seu giro ao longo do muro.

Triste e miserável Pozzuoli, esparramada à beira da baía de águas de um azul tão local, tão raro de encontrar em outra parte, um azul mais vivo, e ao mesmo tempo mais translúcido, como parecias mesquinha e suja aos olhos dos soldados! Eles vinham exaustos, cobertos de poeira, a blusa do uniforme de instrução, o zé-carioca, aberta sobre o peito, mas ansiosos de conhecer a cidade e os seus mistérios.

Nas praças e na avenida principal, margeada por uma réstea insignificante de praia, coberta de pedregulho, circulava a mesma multidão heterogênea de Nápoles. Apenas, sentia-se ali um relaxamento maior, um abandono completo de todas as regras de moral e boas maneiras. De quando em quando, via-se um polícia militar, com uma faixa vermelha no capacete, mas nenhum deles se preocupava com a confusão em torno.

Soldados bêbados passavam berrando, outros se deitavam simplesmente na sarjeta, muitos vomitavam ou urinavam ali mesmo. Para os nossos praças, aquilo parecia a derradeira escala de degradação, e todos tinham a certeza de que jamais chegariam a tal estado. Aos seus olhos inexperientes, a cidade aparecia como uma Sodoma asquerosa, que um dia, diziam os mais religiosos, ainda haveria de provocar a cólera divina.

— Não admira que essa terra tenha tantos vulcões. É que, de vez em quando, Deus precisa castigá-los.

Positivamente, os brasileiros recém-chegados eram muito diferentes daqueles outros soldados endurecidos na guerra. Mostravam-se quase todos sentimentais e compassivos. Era com grande espanto que os paisanos os viam afastarem-se, para ceder passagem a uma senhora, ou tomar uma criança pela mão, a fim de ajudá-la a atravessar a rua.

As maneiras afáveis de nossa gente pareciam anacrônicas na Pozzuoli daqueles dias. Era frequente encontrar-se algum dos nossos crioulos parado no meio da rua, cercado de uma chusma de crianças, distribuindo biscoitos ou balas trazidas do Brasil. Mas, por fim, aquele espetáculo deprimia. As crianças maltrapilhas, de braços como espetos, aqueles olhos parados, aquela palidez... E, invariavelmente, o soldado ia terminar a tarde encharcando-se de vinho ruim e azedo, que provocava azia e mal-estar. Depois, sentia-se mais próximo dos soldados de outras nacionalidades, que passavam abraçados, cantando, ou que se deitavam na sarjeta.

João Afonso e Anésio alugaram uma caleça de capota arriada e ficaram andando pela avenida à beira-mar, para grande alegria dos outros praças da Bateria, que iam encontrando pelo caminho.

— Rei Momo caiu na farra! — diziam os soldados, vendo o corpanzil do sargenteante esparramado no assento da caleça.

Anésio não parava de resmungar, pois as mulheres que se viam tinham uma aparência miserável e honesta, pareciam ariscas, inabordáveis.

Descendo da caleça, caminharam pelas ruas principais, depois entraram nas vielas secundárias, que lembravam em tudo as ladeiras mais miseráveis de Nápoles. Havia americanos espadaúdos farejando tudo, aparentemente com os mesmos propósitos do sargenteante.

Ao dobrar uma esquina, viram pregadas num sobrado a bandeirola da Cruz Vermelha e a placa "Pro-Station". Um posto de profilaxia contra doenças venéreas, onde se aplicavam preventivos depois de contato com mulher, e, apesar de tudo, não se encontrava nenhuma... Anésio abordou também alguns scugnizzi, mas não foram capazes de dar a indicação desejada.

— Ora, e as vantagens que contou o pessoal que pulou o muro ontem!

Depois que o sargenteante se desiludiu quase por completo, Alípio conseguiu convencê-lo a ir jantar. Um molecote levou-os a uma sala no terceiro andar de uma daquelas casas velhas e sujas da avenida à beira-mar.

Sentados diante de uma travessa com ovos estrelados, servidos por uma velhinha magra, viram entrar uma loira meio raquítica, olhos azuis parados e uma cicatriz estreita e comprida no queixo. A moça cumprimentou-os e disse que se chamava Rina.

Depois de comer os ovos e beber uns copázios de vinho tinto, os três sentiram-se um pouco mais à vontade. Anésio começou a dar palmadinhas nas costas da moça, que se foi encolhendo sobre a cadeira, embora não parecesse querer sair dali.

O velho praça expandia-se cada vez mais.

— Io andare contigo ao Brasile... sim, sim, niente guerra... tudo paz... io havere uma boa casa... automóvel... fon-fon... fon-fon... una beleza... in Brasile grandes casas... muito automóvile... luxo, conforto... io havere dois cadilaques... sapere que é cadilaque?... máquina americana... tudo lustroso... quando io voltare do trabalho, pegare a máquina e... fon-fon... fon-fon... una maravilha... sí, sí... io havere cadilaque... ma forde ou chevrolete todo mundo havere... ah Brasile...

Estava mesmo comovido. Por pouco, duas gordas lágrimas não lhe escorregaram pelas faces suadas.

Mas, de repente, lembrou-se do objetivo principal e disse em voz baixa a João Afonso:

— Escuta, velho, como é que a gente vai fazer? Acho que o melhor é você ficar antes com ela... eu vou depois.

— Deixe disso. Parece que é séria.

— Séria? Não é possível... Me disseram que é tão fácil nesta terra...

— Então, pergunte...

— Hum... você sabe... o meu italiano... você já deve falar melhor. Por que não me ajuda?

— Não, para isso ainda não dá.

— Neste caso, pergunto eu... mas espere um pouco...

Com os novos copázios, porém, foi perdendo a loquacidade e passando a um estado de profunda melancolia.

— Pois é, velho... que é que estou fazendo aqui? Eu, um pai de família... você me compreende... a carne é fraca... mas bem que eu gostaria de resistir... ah, se você soubesse como a minha Maria é boa... eu é que não presto... é verdade que ela está velha e acabada, mas eu também já não sou nenhum galã... Ah, minha vida, minha vida... Eu só queria era chegar a subtenente... Então, sim, as coisas iam melhorar. Enfim, o Fundo de Previdência... bem, você que é doutor, que é que

me diz?... Será que eles vão nos pagar aquele dinheiro todo?...
Sabe?... Eu não tenho confiança nenhuma nas coisas do governo, na viúva, como se diz... Quando precisam da gente, é
palavra bonita, discurso, mistifório; depois nos dão um pon-
tapé na bunda e acabou-se... Bem... é bobagem pensar nessas
coisas... eu lá sei o que vai ser amanhã! O melhor mesmo é
beber. À sua saúde, menina!

Levantando-se da mesa, caminhou na direção da moça.
Abraçou-a e, como ela se encolhesse, foi dizendo:

— Eh, bimba... niente medo... io não fazere niente...
muita bebida... troppo cheio... io não fazere nada, não...

Vendo as coisas nesse pé, Alípio pagou a despesa e ar-
rastou Anésio para fora.

O ar fresco da tarde fez bem ao sargento Anésio, que
voltou a si e começou a lamentar-se por ter deixado escapar
aquele pirão. Procurou a casa onde estiveram, mas não conseguiu encontrá-la. Continuaram vagando pela cidade. Começou a escurecer. Pouco depois, teve início uma correria,
pois, estando próxima a hora do toque de recolher, civis e
militares apressavam-se igualmente. Magotes de soldados
encaminhavam-se para a estrada de Nápoles, alguns carregando nos ombros um companheiro embriagado.

João Afonso e Anésio juntaram-se a um grupo de brasileiros, mas o sargenteante logo se lembrou de que a dignidade militar não lhe permitia andar em tão reles companhia: o
mais graduado era um cabo.

Depois de uma comprida caminhada, chegaram ao alto
do morro. Anésio cambaleava. Resfolegou um pouco, mas,
depois que atravessaram a brecha do muro, alegrou-se de repente, sentindo as pernas leves na descida. Escorregava, levava tombos, rolava pela encosta, rindo muito e soltando
gritinhos de satisfação.

Chegando ao acampamento, dirigiram-se para a Bateria e foram detidos pelo plantão, que lhes anotou os nomes.

— Me desculpe, sargento Anésio, mas foi ordem do capitão.

O sargenteante caminhou cabisbaixo para a sua barraca. João Afonso pouco se incomodou. Entrou na barraquinha e estirou-se sob a manta. Ao lado, o seu de rancho, um nortista franzino, ressonava baixinho como uma criança.

Sentiu a modorra subir-lhe pelas pernas e espalhar-se pelo estômago. E como o sono estivesse chegando, sorriu satisfeito por ter vencido, mais uma vez, a batalha do muro.

PECADO? GLÓRIA?

João Afonso escrevendo

Tarquínia, 7/8/1944

Quero fazer agora um diário diferente dos anteriores. Geralmente, sou levado a escrever não só pela necessidade de coordenar os acontecimentos presenciados, de imprimir-lhes certa ordem, mas, principalmente, para registrar algo dos meus pensamentos e sensações, para examinar-me um pouco. Desta vez, porém, sinto necessidade é de analisar melhor o meu próximo, o soldado deste estranho exército, o homem do meu país, que eu sempre conheci tão mal, e que é motivo para mim de uma constante surpresa.

Parece que ainda vou ter muito lazer para examinar mais detidamente o meu compatriota. Com efeito, apesar de nos termos aproximado um pouco da linha de fogo, a estação de veraneio continua. Anteontem, tendo viajado quase o dia inteiro num trem interminável, e que se arrastava molemente pela estrada de estações bombardeadas, amontoamo-nos em caminhões guiados por mulatos americanos, que nos conduziram através de recentes campos de batalha, onde se viam tanques incendiados, montões de ferragem, casas desmanteladas e uma população miserável entre os escombros, até que, estremunhados, atiramo-nos ao chão, no escuro, e adormecemos ao pé dos veículos.

Desta vez, o acampamento está num local aprazível, sobre uma colina, em meio a outras bem suaves, numa ondulação de terreno que parece paisagem bíblica. Além das colinas, avista-se o azul do mar, igualmente sereno. A maresia ligeira é muito agradável, depois do ar quase confinado da cratera.

Logo de manhã, começou, numa azáfama, a instalação do acampamento. Armamos as barraquinhas em meio às oliveiras. Como houvesse perto umas medas de feno, os meus companheiros correram a assaltá-las, a fim de forrar o chão nas barracas. Encontrei um camponês queixando-se de que o feno era para os animais no inverno, e que, se estes morressem, passaria fome com a família. Mas, sonolentos, mecânicos nos gestos, indiferentes, os meus companheiros continuaram a devastar as medas.

— Quem mandou começar esta guerra? — resmungou alguém.

Parei indeciso e fiquei apenas observando a cena. No entanto, quando Alípio, o meu de rancho, veio sobraçando um feixe de feno, para forrar o chão de nossa barraca, passei a ajudá-lo animado.

Acho muito proveitosa a companhia de Alípio. Aprendo com ele um pouco de filosofia da vida, de pachorra, de capacidade de adaptação às circunstâncias mais diversas. Era estudante de Engenharia, e vive falando mal do governo, dos americanos, de tudo o que implicou na sua convocação, na sua separação da noiva e da família. E, no entanto, apesar dos resmungos, e embora chame os nossos companheiros de xavantes, enquanto eu procuro identificar-me com eles, noto em Alípio uma capacidade muito maior de aceitar tudo. Naturalmente, não se trata de resignação, mas de certa moleza, certo deixar-se levar pela corrente, semelhante ao da tropa em geral, e aparentemente bem mais eficaz do que o meu desejo de participar da luta, expresso até hoje de modo tão ingênuo.

9/8

Parece que não vai haver grande dificuldade para manter a disciplina. É muito fácil ir à cidade, não se torna necessário pular nenhum muro, mas os praças que lá chegaram, em "missão de reconhecimento", ficaram decepcionados. As ruelas estreitas, escuras e sujas, pareciam saídas das páginas de um romance de capa e espada. À primeira vista, era pitoresco; todavia, a repetição das cenas de miséria e abandono tornava tudo cansativo e monótono. O vinho era escasso e as mulheres estavam visivelmente assustadas com aquele afluxo de soldados.

Mais uma vez, a preguiça e a sonolência tomaram conta da tropa. O mais simples e sensato era abandonar-se àquela mornidão e indiferença.

É verdade que alguns espíritos mais afoitos não se conformavam com semelhante modo de passar o tempo. E sobre estes caiu o peso da disciplina militar.

Foram-se instalando novos galinheiros, mas arranjou-se um castigo muito mais temível para os soldados de um batalhão de infantaria.

O cemitério da cidade fica próximo ao acampamento. Os túmulos, com as suas cruzes de mármore e suas figurinhas banais, ficam espalhados sobre uma pequena elevação. Mas, ao pé da colina, está a entrada para um subterrâneo. Os habitantes dizem que é um cemitério antigo, que ali existem esqueletos em abundância, etc. Os infantes que têm pena disciplinar a cumprir são atirados naquelas catacumbas e aglomeram-se na entrada, pálidos, encolhidos sobre as mantas. Os companheiros vão levar-lhes comida e cigarros, distraí-los um pouco.

— Como é, velhinho, você já dançou com os defuntos?

Todavia, um terror supersticioso marca o rosto de alguns soldados.

13/8

Passei vários dias sem escrever. Seria uma boa disciplina continuar mantendo este diário, mas o amolecimento geral estende-se a mim também. Largados entre as oliveiras, deitados sobre o capim, passamos longas horas conversando. Há um embotamento da imaginação e dos sentidos para todas as impressões que se possa receber. Ao contrário, tudo o que ficou longe adquire um colorido e vivacidade exagerados. Há uma supervalorização de tudo o que se relaciona com a pátria, mas a pátria civil, paisana.

Houve duas distribuições de correspondência. As cartas passaram de mão em mão. Formaram-se grupos entusiasmados diante da barraca do sargento Rosário, que recebe cartas muito comovidas da namorada. Todos se emocionam, há uma simplicidade infantil e, às vezes, quase de bicho nas reações de cada um. "Me empresta um pouco o retrato da tua noiva, velhinho." E o retrato acaba passando de barraca em barraca, em meio a exclamações de entusiasmo.

Uma noite, fomos levados à cidade, a fim de assistir a velhos filmes do DIP, projetados sobre uma tela ao ar livre. As fitas eram bobas, dessas que no Rio de Janeiro ou em São Paulo davam engulhos, com a indefectível presença do chefe de Estado, as cerimônias cacetíssimas, etc. No entanto, bastou aparecer um pedacinho de Copacabana, com umas morenas na areia e uns marmanjos jogando peteca, para que todos se comovessem.

De noite, há longas conversas, fica-se sabendo, em todas as minúcias, a vida de cada companheiro.

A moleza, o desalento, a falta de perspectiva são acrescidos de uma dose considerável de irritação provocada pela insatisfação sexual. Olhares de cobiça se dirigem para as lavadeiras de pernas grossas e braços carnudos, que lidam com as roupas dos praças num riacho nas proximidades. Alguns tentaram abordá-las: as moças fugiram assustadas, mas, no dia seguinte, lá estavam como sempre, esfregando as roupas contra as pedras da margem, balançando os seios volumosos e evitando manifestar nos olhos qualquer expressão.

14/8

Banhos de mar sob o comando do tenente Raposo, novas conversas, um temporal que derrubou algumas barracas, nada disso é assunto para diário. Ia esquecendo... houve a invasão do Sul da França, e fomos despertados de manhã com um ronco esquisito, a pequena altura. Eram grandes aviões, que saíam de base próxima, cada um rebocando um planador com soldados. Tornava-se um pouco estranho comparar a nossa estabilidade e segurança com a aventura daqueles rapazes.

Aos poucos, porém, vai diminuindo a impressão de bem-estar. As proximidades do acampamento estão infestadas de minas, e já houve mortos e feridos em outras unidades.

Enfim, está começando...

15/8

Soube-se que o general Mark Clark iria passar em revista os brasileiros. Em consequência, realizaram-se marchas e passou a haver diariamente ensaio geral, num vasto campo à entrada da cidade, perto de um majestoso aqueduto romano.

Recebemos uns papeizinhos datilografados, com o texto do "Deus salve América" em português.

Por ocasião do primeiro ensaio geral, recomendou-se a cada um que trouxesse o seu papelzinho.

As unidades foram se dispondo num campo verde, com um estrado na frente. O general da infantaria, gordo, atarracado, tomou lugar ali, de frente para a tropa. Ao lado do estrado, ficou um sargento músico, empunhando a batuta.

O general comandou: "Sexto Regimento!". O sargento ergueu a batuta, mas nenhuma voz se ergueu. Os soldados recusavam-se a entoar aquela canção em louvor à América, evidentemente América do Norte e não do Sul. O general bateu os pés: "Canta, Sexto Regimento!". Mas a tropa continuava muda. O general parecia em vias de explodir, o seu rosto ficou roxo, congestionado. "Canta, canta, Sexto Regimento!". Finalmente, umas poucas vozes desafinadas e de má vontade obedeceram ao comando. "Segundo de Artilharia!" Nós, isto é, alguns oficiais, uns escassos estudantes da Bateria-Comando e pouquíssimos soldados das baterias de tiro, ficamos esgoelando-nos, procurando cobrir o silêncio geral da tropa. "Isso! Canta, escravo!", gritou alguém atrás de mim, deixando-me com as orelhas em fogo.

17/8

Os motoristas do Grupo foram enviados a Civitavecchia, para trazer o material.

Todos estavam ansiosos de receber o armamento. Estranho, isso! Não há ódio contra o inimigo, quase ninguém sabe por que e para que vai ser obrigado a lutar e, no entanto, cada um queria receber a sua arma e dar por terminado o período de incerteza e abatimento geral. Continuo sem compreender muito bem o estado de espírito dos meus compatriotas. Talvez cada um queira encontrar um meio de se atordoar, de não pensar em mais nada — não sei.

Quando chegaram os caminhões e o armamento, houve rebuliço geral. Lá estavam os grandes caminhões de duas toneladas e meia, que vão levar-nos de encontro ao inimigo, que serão muitas vezes nossa residência e abrigo e dos quais dependerão, talvez, nossa vida e nossa morte. Os soldados ficavam namorando os jipes, os carros-comando, as Dodges de três quartos de tonelada. Mas o que mais atraía a atenção era o armamento, sobretudo os canhões de 105 mm, que havíamos visto apenas de relance após a convocação, e que eram tão diferentes das peças de artilharia de montanha, de 75 mm, desmontáveis, e que chegamos a conhecer tão bem em nosso período de treinamento na Bateria-Quadros. As metralhadoras eram de outro tipo e, quanto ao armamento individual, receberam-se carabinas semiautomáticas, que pareciam saídas de uma loja de brinquedos: pequenas, leves, bonitas.

Ficava-se limpando o armamento com carinho, com verdadeira paixão. Hoje se recebeu a munição, e muitos afastam-se do acampamento para atirar à toa. Lembram crianças com um brinquedo novo. A volúpia de puxar o gatilho! O que não se obtém com discursos patrióticos, nem com artigos inflamados nos jornais, vai ser conseguido, ao que parece inconscientemente, pelo comando: por mais estranho que isto me pareça, os homens anseiam por sair da inatividade forçada e entrar em combate. E ao mesmo tempo, eu, que tanto insisti na necessidade de lutar, que tanto discuti com os companheiros, olho a minha carabina com um misto de repugnância e fascínio: o meu pecado, a minha afirmação.

Vada, 20 de agosto

Chegamos aqui na manhã de ontem, depois de uma noite lúgubre, pontilhada de surpresas desagradáveis. Dentro dos caminhões, os homens estavam espremidos entre si e contra os caixotes de material bélico. Os motoristas não tinham prática de tráfego em blackout e, naturalmente, nenhuma disciplina. Muitos deles foram motoristas de ônibus no Rio de Janeiro e estavam habituados a apostar corrida com outros carros. Alguns tinham dirigido sempre automóveis de passeio e receberam treinamento muito sumário com os caminhões enormes. O resultado foi uma corrida desabalada pelas estradas escuras, caminhões tombados, feridos em quantidade, um morto no Grupo (moreno espigado, da Segunda Bateria) e notícias de mortes em outras unidades.

Lembro-me do motorista Fulgêncio, um mulato magricela, sentado perto do caminhão tombado, a cabeça entre as mãos, o corpo sacudido por soluços. O capitão Crispim dando ordens contraditórias. Gritos de feridos, gemidos.

— Chamem o doutor Beija-Flor, depressa!

Mas o doutor está à beira de um barranco, um espectador entre os demais.

— O material sanitário está todo encaixotado. Não posso fazer nada — responde-me ele, e continua espiando a cena de longe, encolhido no capotão.

A turma do caminhão é distribuída por outros carros, dois ou três soldados são conduzidos pelo sargento-enfermeiro até a ambulância, e a corrida prossegue.

Ao chegarmos ao destino, desci do caminhão e adormeci numa valeta.

22/8

O acampamento foi estabelecido de ambos os lados de uma estrada secundária, próximo do litoral. Armamos as barracas num vinhedo, e, logo que foi possível, tratamos de explorar um pouco a região.

A dois passos, fica a cidadezinha de Vada e, pouco adiante, no litoral, junto à estrada asfaltada, as estâncias balneárias de Castiglioncello e Rosignano Solvay. Do nosso acampamento, vê-se ao longe a grande fábrica de soda Solvay. E, encarapitada sobre uma colina, a cidadezinha de Rosignano Marittimo. Mais ao longe, os Apeninos.

As uvas ainda estão muito novas, mas mesmo assim foram objeto de uma investida impiedosa, que resultou em muita dor de barriga.

Tal como na cratera próxima a Nápoles, vive-se no meio da poeira, mas é uma poeira diferente, fina, de um cinzento esbranquiçado, feita de partículas minúsculas de terra lavrada.

Sente-se a guerra bem próxima. Ouvem-se de vez em quando explosões surdas, pois o front fica a vinte e cinco quilômetros. Frequentemente, há também estrondos mais fortes: são americanos que fazem explodir minas. Em alguns lugares, aparecem os dizeres: "Achtung! Minen!", com uma caveira desenhada; são cartazes que os alemães não tiveram tempo de recolher na retirada.

A vizinhança da guerra revela-se também pelo movimento desusado da estrada. É frequente passar algum trator enorme, puxando reboque com um tanque gigantesco. O chão estremece então, e o acampamento fica envolto pela nuvem de poeira. Outras vezes, são comboios sem fim, com tropas, munições e mantimentos.

Em sentido contrário, é comum a passagem de bandos de refugiados. Velhos, mulheres, crianças, mocinhas, rapazolas, todos cobertos de poeira, alguns vergados ao peso de sacos enormes. Muitos trazem ainda no rosto o pavor dos bombardeios. Outros, porém, já atingiram a apatia que resulta de um sofrimento contínuo muito intenso, algo semelhante ao estado de esgotamento que eu vi na população de Nápoles.

Todavia, o temperamento italiano tem suas exigências. Assim, apesar de todos os horrores da guerra, tão próximos, a juventude do lugar busca ansiosa os poucos divertimentos possíveis nas atuais circunstâncias. As praias de Rosignano e Castiglioncello estão cheias de mocinhas e rapazes. Há espaços reservados para unidades americanas e inglesas, mas na estreita nesga de areia grossa e rochas pontiagudas que sobra para os civis, a mocidade se espreguiça, namora, dá risada. Às vezes, encontram-se parzinhos abraçados com uma naturalidade quase animal.

Na estrada à beira-mar, inúmeras mocinhas passeiam de bicicleta. De quando em quando, vê-se com elas algum rapazola imberbe, mas, de modo geral, é evidente a escassez do elemento masculino. As moças apostam corrida, falam alto, às vezes cantam. Os vestidos esvoaçam-lhes ao vento, deixando ver as pernas bem torneadas. E há sempre olhares cobiçosos de soldados, seguindo os corpos adolescentes.

Pouquíssimos praças conseguem uma aproximação maior. Quase todos sentem-se estrangeiros demais, e há nas mulheres um receio, muito natural, da multidão uniformizada.

Os mundos civil e militar ainda permanecem bem separados. Embora, nesta região, as placas "Off-Limits" não tenham sido colocadas com a habitual profusão, como uma barreira entre os soldados e todas as formas da vida paisana, aquelas placas parecem ter-se gravado no íntimo de cada um. É verdade que, em Rosignano, pode-se entrar na sorveteria e esperar em fila, de mistura com mocinhas e rapazes que voltam da praia. Às vezes, trocam-se algumas palavras com uma dessas morenas de corpo sinuoso e fica-se sabendo que o seu fidanzato está prigioniero in Germania, que ela se preocupa porque a mamma anda muito fraca, doente, etc. Mas todas essas relações são ainda muito superficiais, com uma forte dose de desconfiança, de parte a parte.

A alegria, a espontaneidade, a exuberância da juventude italiana custam a penetrar na vida cotidiana da nossa multidão masculina, um tanto bruta, um tanto desajeitada.

23/8

Hoje, ouvi uma conversa entre dois soldados da infantaria, no sentido de que, "com elas, o jeito é pegar à força, pois ficam se exibindo por aí, provocando a gente". Tratavam do caso com toda a naturalidade, como se fosse algo absolutamente normal. Um deles contou como tentara, com alguns companheiros, pegar à força uma lavadeira. O caso deixou-me transtornado, com asco. Mas depois pensei: "Não são acaso os mesmos rapazes que se indignavam tanto, ao ver o procedimento dos soldados americanos, em Nápoles e Pozzuoli?".

O meu orgulho de quem se considera bem-educado, de quem acredita controlar plenamente os instintos, faz com que eu me julgue incapaz de descer ao mesmo nível dos infantes cuja conversa ouvi. Mas, assim mesmo, até onde me levará ainda esta escada, este plano inclinado?

24/8

Próximo do nosso acampamento, instalou-se uma tropa americana. Soubemos que vão ser os nossos instrutores nos próximos exercícios. Por enquanto, porém, a preocupação máxima daqueles sargentos e soldados parece ser comer e dormir. É uma gente calejada na vida de front, o que os torna relaxados, displicentes, amigos de longas prosas. Enquanto os nossos praças ainda têm esmeros de civil com o lugar em que se dorme e procuram enfeitar as barracas, tornando-as na medida do possível confortáveis, os americanos montam as suas lonas sem o menor cuidado, às pressas, ou mesmo nem chegam a armá-las, dormindo ao tempo, o corpo enrolado em duas mantas e metido num pano de barraca, arrumado de maneira engenhosa.

Os nossos vão tendo um contato bastante demorado com os americanos, que parecem igualmente curiosos de conversar. Fala-se principalmente numa mistura de italiano, português e inglês, com uma profusão de gestos significativos. Mas, graças a uns poucos intérpretes improvisados, dos quais também faço parte, a conversa torna-se, às vezes, uma verdadeira troca de experiências e impressões.

Como é natural, bebida e sexo são temas obrigatórios e constantes. Muitos dos americanos têm consigo algumas garrafas de conhaque ordinário ou de aguardente muito forte de uva, a grappa dos italianos.

Esta noite, trouxeram de uma cidadezinha próxima duas prostitutas, que ficaram passando de barraca em barraca e, de manhã, saíram correndo, para não ter que passar, ainda, pelas barracas do acampamento brasileiro.

Hoje de manhã, fiquei conversando com alguns americanos. Fazem-nos muitas perguntas sobre o Brasil, revelando uma ignorância absurda sobre o assunto. Quando ouviram que viemos de país em regime fascista e que será inevitável uma transformação política em nossa terra, pois é um absurdo lutar pela democracia no estrangeiro e continuar com um regime fascista em casa, responderam mais ou menos assim:

— Então, o que é que vocês pretendem fazer, depois de voltar para casa? Sair à rua com bandeiras, gritando: "Abaixo a ditadura" e dando tiros em quem continuar pensando que a ditadura não é tão ruim assim? Tudo bobagem. O homem só tem uma vida para viver e uma pele para defender. Democracia, liberdade, voto secreto, tudo isso é muito bom e bonito, mas não compensa uma vida humana que se perde, nem os anos de mocidade gastos na lama e na sujeira.

É frequente perguntarem-nos: "Vocês são todos voluntários?". E, quando se responde negativamente, dizem uns aos outros: "Está vendo? Não são todos trouxas, não".

Este cinismo dos soldados velhos me desagrada profundamente, mas pude percebê-lo em militares de outras nacionalidades também.

Mais um motivo de prevenção contra aqueles rapazes é o seu entranhado preconceito racial.

Alguns deles dizem, em relação à mistura de raças em nossa tropa:

— De fato, o modo de vida de vocês é mais acertado e democrático. Mas não podemos fazer o mesmo. Preto para nós não é gente.

Costumam caçoar muito da tropa negra americana. Dizem que não são soldados, que a divisão negra recém-chegada às linhas de frente será um fracasso, etc.

E ao mesmo tempo, é impossível deixar de reconhecer: há muito mais bom humor e simplicidade no exército americano do que no nosso. A cada passo, ouve-se entre eles a expressão: "Take it easy", a disciplina parece basear-se mais na execução das tarefas do que na prestação de continência, os oficiais não vivem gritando com os praças e ninguém se lembra de instalar galinheiros a dois passos do front. Enfim, com as suas qualidades e defeitos, os americanos me deixam principalmente perplexo, no limiar de um mundo que não compreendo e que me repele com as suas arestas.

26/8

Começaram os exercícios e as instruções preliminares à nossa entrada no front. O capitão Aires nos dá meia hora de instrução diária sobre cálculo de tiro. O grupo da Central de Tiro (CT), de que faço parte, instala-se então à sombra de uma árvore: sou o Controlador Vertical, isto é, vou calcular os deslocamentos em altura do tubo-alma dos canhões; Alípio é o Controlador Horizontal, e calculará o deslocamento horizontal; o cabo França, um sargento que veio transferido da Segunda Bateria e outro da Terceira deverão encarregar-se dos demais elementos do cálculo.

O capitão Aires não parece muito desembaraçado e não tem grandes dons didáticos. Formou-se na tradição francesa e aprendeu o sistema francês de cálculo de tiro; este era efetuado por um oficial e transmitido às baterias, funcionando os praças apenas como auxiliares. De repente, viu-se a braços com um sistema totalmente diverso, que obrigava a um trabalho de equipe e a uma simplificação de todo o processo, com o uso de réguas especiais de cálculo. Parece não estar muito convicto das vantagens deste novo sistema, e está, pelo menos, um tanto desorientado com a inovação. Em todo caso, como é um homem de boas maneiras, e visto que se caracteriza também por uma boa dose de displicência, vai cumprindo mais esta obrigação, com uma elegância que disfarça a ineficácia absurda de tudo isso.

Tenho sempre muito sono na hora da instrução, que é pouco após o almoço, mas faço um grande esforço para prestar atenção. Mesmo assim, só muito por alto pude compreender em que consiste o sistema americano de cálculo. Os meus companheiros de CT bocejam, têm os olhos perdidos na distância, e o capitão Aires parece fazer um esforço muito grande a fim de manter o aprumo de sempre. Terminada a instrução, voltamos para as barracas e retomamos os longos bate-papos interrompidos, planeja-se alguma escapada do acampamento ou começa-se a escrever uma carta para casa.

Ontem, teve lugar o primeiro exercício de todo o grupo, em conjunto com instrutores americanos. Percorremos estradas serpenteantes, ficamos brancos de pó, fixamos as pranchetas com as cartas, esperamos a instalação dos telefones e, pouco depois, voltamos. Parecia o tipo da coisa boba. Troquei algumas palavras com dois sargentos americanos, que ficaram agregados à CT. Olhavam tudo sem participar, alheios aos nossos inúteis movimentos. Falei-lhes da nossa falta de preparo, da nossa quase completa ignorância. Um deles assegurou-me, porém, que não tardaria a nossa entrada no front.

— Mas não se preocupe, não. Take it easy. O soldado se faz é na linha de frente. Quando desembarcamos na Tunísia, estávamos ainda menos preparados. Mas apanhamos do Rommel e aprendemos.

Naturalmente, continuo cada vez mais perplexo com os nossos aliados.

28/8

A um canto do acampamento, afixa-se diariamente um noticiário muito sucinto dos principais acontecimentos, que passam o mais das vezes quase despercebidos. Fiquei comovido com a notícia da libertação de Paris, comentei-a com Alípio e poucos mais. Constatei, porém, que a repercussão foi muito pequena entre a tropa.

Para a minha surpresa, uma notícia que me deixara mais ou menos indiferente fez sensação entre os soldados: Osvaldo Aranha demitira-se do cargo de ministro das Relações Exteriores. Agora sim, dizia-se, a coisa vai melhorar. O velho vai chamar a gente de volta. Quem nos mandou para cá foi o homem dos americanos, que nos vendeu por uma garrafa de uísque. Agora sim, a guerra vai acabar para nós. Não é à toa que a gente está no estrangeiro faz tanto tempo, e nada de entrar no fogo. Não vê que nem nos ensinaram a atirar direito, todo esse tempo? O velho ficou nos poupando, não deixou que nos pusessem na frigideira de uma vez. Agora, o jeito é tratar de arrumar o saco, que a coisa não demora. Já deve ter navio brasileiro esperando a gente num porto por aí.

Desisti de brigar e discutir. Os homens do povo têm ideias próprias, o seu modo particular de ver os acontecimentos. Tenho convivido com eles, dormimos na mesma barraca, comemos às vezes da mesma marmita, e, no entanto, que distância! A lenda de um ditador bonzinho, o pai do seu povo, que só deixou enviar os homens para a guerra porque o ministro malvado, vendido aos americanos, obrigara-o a isto, deixa-me profundamente irritado. Mas, sobretudo, estou diante de algo que não compreendo. Não se trata apenas de aceitar ou recusar. Assim como o homem do povo não penetra no meu mundo, historicamente exato, creio eu, onde o ditador aparece com suas características próprias e a ditadura com todo o seu cortejo de infâmias, não posso ter qualquer acesso ao mundo mitológico dos meus patrícios. E a conclusão a que chego é que eu, Alípio e os demais rapazes da mesma condição social, estamos submergidos num mar humano que nos domina e contra o qual é inútil qualquer resistência. O que me resta fazer, sem dúvida, é deixar-me levar pela maré, como fazem Alípio e outros companheiros.

29/8

Recebem-se às vezes cartas de desconhecidos, que, na maior parte, contribuem apenas para frisar a distância entre o mundo dos soldados, o terra a terra monótono, nem sempre compreensível, e a imagem grandiloquente de uma guerra bonita e justa, incutida pelos jornais.

Alípio recebeu a seguinte cartinha:

"Querido expedicionário: Não sei quem você seja, mas não importa. Na sua pessoa, quero expressar a minha gratidão aos valentes patrícios, que estão em terra estrangeira para vingar os nossos mortos. Mate muitos alemães, para maior glória da nossa bandeira, enquanto aqui ficamos rezando por vocês. Espero uma resposta sua. Tenho doze anos, sou morena, de olhos castanhos e cintura fina. Escreva-me sem falta, sim? Da sua amiguinha desconhecida, Alice."

Reuniu-se um grupo bem grande para a leitura da carta. Aquelas palavras de patriotismo e vingança soaram falso, muito falso, pois o sentimento mais raro na tropa é um pouco de ódio ao inimigo. Pirulito resmungou:

— Vai ser difícil de explicar, quando voltarmos. Vão querer à força fazer-nos heróis.

30/8

Chegou de súbito um frio cortante, e cai uma chuvinha miúda que parece traspassar os ossos. Os soldados enrolam-se nos capotões americanos recém-distribuídos e resmungam.

Um garoto de onze anos, provavelmente ex-balila,[1] fica pulando de alegria:

— Adesso niente freddo. In gennaio e febbraio, neve alta cosí — espalma a mão na altura do queixo. — Vocês vão todos morrer de frio, vocês não sabem o que é o nosso inverno.

Os soldados embuçam-se ainda mais nos capotões e cospem no chão.

9/9

De novo, passei vários dias sem escrever. Desta vez, porém, por falta de tempo e algum cansaço físico. Realizamos exercícios de conjunto diários. Ficamos conhecendo melhor

---

[1] Integrante da Juventude Fascista. (N. da E.)

a região, passamos por cidades bombardeadas e por castelos desertos, tendo ao redor árvores retorcidas e calcinadas pelos bombardeios. A CT instalava-se ora em algum celeiro, ora numa cocheira, ora num buraco qualquer, escavado por tropas que passaram ali anteriormente. Armavam-se pranchetas, instalavam-se telefones, estendiam-se fios, estabelecia-se contato pelo rádio com o Observador Avançado. Houve até uma tomada de posição de noite, num pântano, à luz de lanterninhas fracas. Marcar os pontos na carta topográfica era, nessas condições, verdadeiro martírio.

Tudo se fazia às pressas, desorganizadamente. Continuávamos a ignorar por completo a arte nada complicada de usar as réguas de cálculo de tiro. No entanto, quando nos mandavam efetuar os cálculos, fazíamos umas contas complicadas, que o capitão Aires aceitava como certas. Houve algumas transferências de gente das baterias de tiro para a Bateria-Comando e vice-versa. A CT ficou com dois calculadores para cada função, e que devem revezar-se. Nos exercícios há geralmente um que calcula e outro que fica ao lado, espiando, embora, na realidade, não tenha muito a aprender com o colega. Por enquanto, não me arranjaram um companheiro na função.

A pressa e a improvisação parecem caracterizar todos os nossos movimentos. Os americanos continuam assistindo aos exercícios como simples espectadores. Os oficiais ianques adidos ao comando do Grupo ainda comentam os trabalhos com os colegas brasileiros. Mas os sargentos e cabos americanos parecem gostar unicamente de um bom monte de feno, para dormir ao sol, enquanto nos afanamos nos exercícios. Às vezes, quando estamos um pouco menos ocupados, vêm conversar sobre mulheres e vinhos, como se não estivéssemos em preparativos de matar ou morrer.

Os exercícios efetuam-se cada vez mais perto da linha de combate e, de uma feita, chegamos a ouvir estrondos mais ou menos próximos. Nos últimos dias, estivemos em lugares tremendamente devastados. As aldeias tinham as casas totalmente destelhadas, o que não impedia a população de abrigar-se entre os destroços. Os soldados encontram facilmente cadáveres de alemães e peças de uniforme, em cujos bolsos vão catando retratos e medalhinhas de lembrança. E tudo isso é muito estranho em meio a uma paisagem de sonho, junto a encostas abruptas, sobranceiras ao Tirreno, tão azul, tão plácido. As estradas estreitas e tortuosas sobre o abismo são uma ameaça constante. Nas passagens mais difíceis, o motorista novato do nosso caminhão, Augusto Pisca-Pisca, encolhe dentro da gola a cabeça pequena e loira, entrecerra os olhos azulados e diz: "Nossa Senhora me guia".

A população parece mais miserável e assustada que em outras partes. Por ocasião das refeições, quando nos agrupamos em torno da cozinha fumegante, uma verdadeira multidão esquálida e murcha vem assistir ao nosso repasto. Velhos, moças, crianças, todos têm um olhar de cão faminto para as nossas marmitas. Não é possível comer com tanto sofrimento em volta. Geralmente, belisca-se um pouco e vai-se entregar a marmita a alguém na multidão. Vi companheiros chorando depois de uma cena dessas. Mas não há dúvida: temos que nos calejar e aceitar tudo.

Surpreende às vezes ver a vida normalizando-se, os homens voltando aos afazeres habituais, com uma tenacidade de formigas.

Em diversos desses exercícios, passamos por um povoado incrustado na montanha: Riparbella. Um amontoado de casarões de pedra, em cujos varandins e janelas mocinhas magras, muitas de preto, aparecem para nos mandar adeuses. De quando em vez, ouve-se um barulho ritmado: são rocas trabalhando. Velhinhas de cabelos brancos fiam cantarolando à janela.

Certa manhã, o caminhão da CT distanciou-se dos demais, o que foi aproveitado para uma parada na povoação. Uma parada bem rápida, o suficiente, porém, para se gravar na lembrança aquela gente: a mocinha loira, muito magra e bonita, que nos pergunta se o Brasil fica longe da África, o velho carabiniere que mostra um retrato da outra guerra, em que há um grupo de guerreiros bigodudos, de ar marcial, a velhota que nos convida para um bicchiere di vino e fica muito aborrecida porque precisamos seguir caminho.

A atração que tem para nós aquele pedacinho de mundo paisano! Depois, quando voltamos para a barraca no acampamento, sentimos com mais intensidade o isolamento em que vivemos, a distância que nos separa de tudo o que é civil, normal, cotidiano.

12/9

Tivemos um exercício de trinta e seis horas, em conjunto com toda a tropa brasileira, durante o qual dormimos em bivaque. Os nossos pobres cálculos serviram para tiros de verdade, sobre uma zona mais ou menos deserta na montanha. Assim mesmo, tremia-me a mão ao traçar os meus garranchos.

Instalados os telefones e efetuada a ligação com os infantes, soubemos que estes tiveram vítimas por causa de minas: um morto e alguns feridos. Um calafrio passa pela espinha de cada um, mas, por fim, a gente se conforma: na guerra como na guerra.

O primeiro tiro sai torto, com um desvio de quinhentos metros. Os sargentos americanos riem, fazem comentários. Dá vontade de perguntar:

— E vocês, na Tunísia?

Mas estamos carrancudos e não dizemos nada. Alguns lembram os seus dois ou três anos de convocados, que não serviram sequer para aprender a usar direito o armamento atual. De regresso a Vada, ficamos conjeturando sobre a data da nossa entrada no front.

16/9

Finalmente, fomos transferidos para a linha de combate. A ordem esperada chegou de repente. Apesar das possibilidades de mudança de posição, muitos oficiais e praças estavam fora, espalhados por algumas casas de civis, bebericando vinho novo, oferecendo cigarros e ouvindo as histórias de sempre ("Tedeschi han portato via tutto: buoi, conigli, biciclette, vino vecchio, non si trova più niente, povera Italia!"). Escapar do acampamento tinha um sabor especial, ainda que não se fizesse nada de bom e nada se encontrasse de interessante.

Era noite cerrada quando se desmontaram as barracas e se empilhou nos caminhões todo o material. A bagagem dos que não haviam chegado ao acampamento foi também jogada nos veículos. Todos receberam ordem de embarcar.

Os carros ficaram enfileirados no escuro, na estradinha dos fundos do parreiral. O tempo ia passando e não vinha a ordem de iniciar a marcha. Aos poucos, foram aparecendo os fujões. O capitão Aires chegou afobado e foi verificar a bagagem, jogada no seu jipe. Alguém avisou de que faltavam alguns membros da CT. "Quem sai fugido, se arranja sozinho", respondeu apressado. Pouco depois, chegava o Alípio, ainda de passo mole, apesar das circunstâncias.

Cabeccávamos de sono, nos caminhões apinhados. As informações eram bem contraditórias. Os americanos nos disseram não haver nada pior do que o marasmo da retaguarda, e que preferiam mesmo a vida na linha de combate, com os seus perigos, mas também com a sua relativa liberdade, o seu quê de apaisanamento. Às vezes, porém, vinham com uns relatos de arrepiar os cabelos.

Alguns praças do Grupo fizeram estágio, poucos dias antes, em unidades americanas de artilharia. Contavam que, de fato, havia no front maior liberdade para os praças, que se ficava muitas vezes alojado em casas de verdade, que se podia até namoricar umas italianinhas da redondeza; em suma, nada viram de terrível ou assustador. Alguns ouviram estouros de granada, mas, em resumo, era uma experiência quase decepcionante. Será assim a guerra? A devastação das regiões que percorremos parece demonstrar o contrário. Vinham também à lembrança cenas de filmes de guerra, que aumentavam a barafunda na cabeça de cada um. Afinal, uma guerra não é um piquenique de mau gosto, com latinhas de conserva e refresco de grape-fruit.

Em meio a tais conjeturas, fomos adormecendo e quase ninguém percebeu quando os caminhões se puseram em movimento.

De manhã, os veículos do Grupo foram se espalhando por um campo cercado de árvores. Logo adiante, havia algumas casas.

Recebemos ordem de armar as barracas. Ué, será sempre assim a guerra, sempre assim e nada mais?

Fomos cumprindo as ordens devagar, de má vontade. Quase não acreditávamos mais que íamos participar realmente de operações bélicas.

Mal fincamos os paus de barracas e nos desincumbimos de mais algumas tarefas cacetes, corremos para as casas da vizinhança. Uns refugiados maltrapilhos, que ali se abrigavam, olhavam-nos espantados, sem compreender que tropa era aquela, de uniforme tão semelhante ao alemão.

— Sobe aquela escada e espia pela janela. Toma o binóculo.

Via-se um amontoado confuso de casas, depois um grupo majestoso de edifícios, tendo à direita uma torre branca, esguia, estranhamente inclinada, mais casas, um rio serpenteando entre o casario, campos verdoengos, montanhas ao longe: não podia haver dúvida, era Pisa. O binóculo fixava-se na torre alvadia, depois na Catedral, no Batistério. Hein, caboclo, quem diria!

No dia seguinte, tornamos a subir para os caminhões, que partiram na direção de Pisa.

A cidade estava em grande parte arrasada e de muitas casas não ficara pedra sobre pedra. Soldados americanos esquadrinhavam as ruas com detetores de minas. Fitas brancas indicavam os trechos já limpos. No meio da rua, bondes incendiados, ônibus virados, carroças desmanteladas. Turmas especiais, providas de tratores possantes, desentulhavam os escombros, dos quais se sentia vir um cheiro de corpos em decomposição. Era um cheiro que parecia penetrar pelos poros, pelas orelhas, pelos olhos.

Não se via um civil em toda a cidade, mesmo nos bairros mais afastados, onde as casas estavam na maioria inteiras, apenas com as paredes pipocadas de balas.

A Catedral, o Batistério e o Campanário inclinado, com a sua beleza tranquila, eram quase uma afronta ao sofrimento humano de que se viam tantos vestígios. E o fato de parecerem intactos sublinhava ainda mais a devastação em torno.

Saímos da cidade com um suspiro de alívio. Depois de percorrer campos muito verdes, atravessamos uma ponte flutuante sobre boias enormes, mas, depois de mais um trecho de campo, entramos novamente na cidade. Entreolhamo-nos confusos: parecia até uma exibição de escombros.

O front ficava a poucos quilômetros de Pisa.

Os carros da Bateria-Comando pararam diante de um grupo de casinhas encostadas no morro. A CT foi instalada

numa cocheira. Dentro, havia uma espécie de varandão no alto de uma escadinha. Foi lá que o capitão Aires se aboletou. Devagar, que lhe servia de motorista, carregou a sua bagagem pela escada.

Instalamos as nossas pranchetas na parte térrea e fomos cuidar das nossas barracas. O acampamento ficou numa pequena várzea, encravada entre morros, nos quais se viam as entradas de pequenos túneis, abertos pela tropa alemã que desocupara a região poucos dias antes.

Ao anoitecer, estávamos debruçados sobre as pranchetas. Marquei na carta topográfica, com alfinetes de cabeça colorida, os prováveis objetivos. Fiz e refiz os cálculos, conferidos em seguida pelo capitão.

Este nos mandou para o acampamento depois do jantar. O sargento Anésio estava organizando a ronda. Dividiu a várzea em duas seções, cada uma das quais caberia a um rondante, durante quase duas horas.

A noite estava fria e nublada.

Às duas, Bonito, o rapazinho de cabelo engomado, ficou pedindo ao seu de rancho:

— Vem rondar comigo, pelo amor de Deus. Que é que vou fazer sozinho, se chegar o alemão?

Eu estava rondando na outra seção. A carabina carregada nas mãos, ouvido atento, olhos perscrutando a treva. Um cão ladrou ao longe. Uma criança chorou, em alguma casa além do morro. Um sentimento de solidão e abandono teimava em insinuar-se sob a couraça das minhas boas intenções.

SEM QUARTEL NEM COMPAIXÃO

Isto é guerra?

Mesinhas improvisadas na cocheira, o capitão Aires rabiscando a caderneta de campo, fazendo e refazendo os seus cálculos, preocupado e nervoso, os grupos em volta dos telefones, o almoço, latinhas de ração C, com o seu gosto indefectível, a mixórdia de carne e feijão ou carne e batata (diz que tem vitamina, rapaz), o contato pelo telefone com o Observador Avançado (diz que o primeiro tiro é às duas e meia mesmo), a cocheira que se enche de gente, o coronel com os oficiais do PC (Posto de Comando), todos bem barbeados e penteados, seguidos de uma invasão — oficiais americanos, o general-comandante, tão pequeno em meio a uma verdadeira multidão de gente alta e espadaúda, alguns correspondentes de guerra —, o capitão Aires, que arranca o fone das mãos de um soldado e fala com o Observador Avançado, o aviso na hora combinada, tiro sobre o Ponto Base, João Afonso que refaz mais uma vez os cálculos quase decorados (estarão certos mesmo? está certo o que me ensinaram?) e que transmite os elementos aos calculadores das baterias, o calculador da Primeira que maneja a régua de cálculo e transmite números pelo telefone, um estrondo longínquo, a comunicação do calculador peça atirou, o capitão Aires que anuncia triunfante cinco zero esquerda, cinco zero curto, um segundo tiro, depois boa direção, cinco zero longo, por fim transmite o pedido do Observador Avançado,

Grupo por dois (lá longe, uma árvore escolhida para Ponto Base é salpicada de estilhaços), a assistência sorri satisfeita, o general, os oficiais americanos e os correspondentes de guerra se retiram, o coronel dá largas passadas pela cocheira, esfregando as mãos, incrível, tiro assim nem em Gericinó (ah, o terreno todo conhecido, todo calculado, todo medido!), a infantaria que passa pela porta da cocheira, os rapazes de fuzil na mão e rostos tensos, ouvidos atentos, a memória que trabalha com trechos do *Nada de novo na frente ocidental* e com cenas de filmes de guerra, um calafrio na espinha, notícias que o Observador Avançado transmite pelo rádio, Massarosa e Bozzano capturadas, nenhuma resistência inimiga, a zona de progressão da infantaria já está fora do alcance dos canhões, o capitão Crispim eufórico, o americano não acaba de uma vez com esta guerra porque é covarde, ele só avança depois que a artilharia e a aviação já pulverizaram tudo, com três divisões nossas íamos até Berlim.

Isto é guerra?

O sargento Fileto que aparece esbaforido, no meio dos homens agrupados em torno da cozinha, à espera da boia, uma patrulha inimiga se aproxima, larguem depressa as marmitas, a corrida para as carabinas de brinquedo, o capitão Aires junto à porta da cocheira, revólver na cintura, dando ordens, João Afonso e Alípio subam o morro e fiquem atrás daquela árvore, Devagar, fique aqui comigo, você vai ser meu ligação (os dentes brancos, o sorriso franco de Devagar), sargento Ferreira, suba por aquele atalho e coloque-se logo acima de João Afonso, os homens que sobem o morro, ajeitando os carregadores nas carabinas, olhem a direção de tiro, é pra lá, os olhos que se fixam na curva da estrada, sargento Raimundo, onde está a sua bazuca? (Sargento Raimundo é o bode de Lucca, sargento Raimundo vive escapando para a cidade e só pensa em mulher e bebida, como é possível alguém querer alguma coisa com o sargento Raimundo?) Capitão, a bazuca está ali dentro daquele caixote, mas eu não tenho munição, isto se arranja no PC, trate de armar a geringonça, impossível, capitão, eu aprendi a atirar de bazuca, mas não me deram ajudante e eu não posso atirar sozinho, está bem, apanhe a carabina e vá para o morro, uma metralhadora ponto cinquenta é instalada atrás de João Afonso e Alípio, agachados junto a uma árvore, capitão Aires, capitão Aires, veja bem a nossa posição, olhe para aquela metralhadora, está bem, está bem, desçam vocês aí que se agacharam perto da árvore, na cocheira está sentado um rapagão loiro, cabelo escorrido sobre os olhos azuis, o capitão chama Alípio, pergunte a ele quem é e o que está fazendo no nosso setor, pois não, capitão, pois não, it's funny, very funny, o rapagão loiro diz que é soldado de um batalhão inglês de artilharia e que o front é tranquilo mesmo, a patrulha deve ser fantasma que alguém viu.

A guerra?

Nova posição, uma casa de dois andares, uns quartos ocupados pela Central de Tiro, o resto continua com os donos, os rostos morenos e afáveis de Bruna e Nina, risadas, presença feminina, retratos de namoradas, os soldados que se acanham, que têm medo de se mostrarem inconvenientes em presença de mulheres honestas, o lugarejo de San Martino in Freddana, com as suas casas toscas, duas destruídas pelo bombardeio, escassez de tudo, as mesmas mulheres maltrapilhas de sempre, os mesmos velhos gemendo i tedeschi han portato via tutto, a procura de cigarros e comida, os moleques pedindo una sigaretta per mi babo e depois vendendo os cigarros no câmbio negro, os sargentos da cozinha são donos da situação, cabem-lhes de direito os olhares mais doces, os sorrisos mais convidativos, se o preto é retinto, as moças dizem nerino bello e passam-lhe a mão na carapinha, se é musculoso, apalpam as bolotas saltadas em seus braços, e lá vai meu sargento amigar-se com a bela italiana, e lá vão as rações do rancho sustentar uma porção de bocas famintas, capitão Crispim, capitão Crispim, veja o que nos serviram, está aí a marmita, pois não, pois não, vou ver o que posso fazer, as rações estão curtas mesmo, está curta é a vergonha dessa cambada, eu quero comer, eu calculei tiro o dia todo em cima dessas montanhas (João Afonso, João Afonso, cadê teu orgulho, cadê teu aprumo de patriamada?), mas não faz mal, não faz mal, lá vem sargento Raimundo com um fiasco di grappa, hoje eu vou é beber e não pensar em nada, Bruna e Nina, Nina e Bruna, cada qual mais bonita, cada qual mais morena, mas eu não quero saber de mulher, mulher só atrapalha, outro dia apareceu no PC uma velha com uma mocinha, à procura do soldado que fizera mal à menina, procure, procure, velha, a agulha no palheiro, quem foi, quem não foi, fomos todos nós, minha senhora, tedesco ha portato via tutto, e depois quer saber quem foi, foi o vento, foi a chuva, eu não, eu sou comportado e caxias, eu só penso em dar uma tunda no tedesco, mas não há tedesco, os tiros de artilharia são sobre a montanha, sobre as árvores, quando eu erro o cálculo eles caem no rio, mas o que vou fazer? Já sei, já sei, tenho a minha corriola e vou a Lucca, o capitão que se aguente, lá vai a nossa corriola de jipe, voando, o bode de Lucca, Alípio, Pirulito e eu, outros vão a pé, de carona em jipe americano, em caminhão inglês, em ambulância, uns foram até em bicicletas arranjadas com uns italianos, como é bonita a perspectiva dos telhados de Lucca, as casas antigas, os castelos medievais de torreão, a catedral, as outras igrejas, o rio, e os bairros modernos fuori le mura, com seu mau gosto fascista, eu não quero ficar fuori le mura, eu voo de jipe sobre as muralhas antigas, sobre o longo aterro, depois me meto pelas vielas, e lá vamos nós, a trattoria tem um vinho ruim e aguado, onde está o chianti di Lucca? O gato comeu, o tedesco bebeu, o italiano mijou, e aqui estou eu, faminto e perdido, aqui estamos nós, quatro rapazes desarvorados em meio às vielas de Lucca, perto da praça ficam três bordéis, três casarões iguaizinhos aos demais, um para americanos brancos, outro para pretos, o terceiro para os civis, o terceiro está vazio, diante de cada um dos outros uma fila comprida, os soldados conversam sentados sobre os capacetes de aço, rindo, contando casos, mostrando um ao outro retratinhos, de vez em vez avançam de uns palmos o capacete de aço e continuam conversando despreocupados, não, eu não quero isto, eu preciso de pureza (Quá! Quá! Quá! Quá!), os companheiros me levam para fuori le mura, será melhor assim? Vamos todos para a casa das irmãs Cerrutti, bangalô de dois andares, tem um piano modesto, divã com almofadas bordadas, quadrinhos melosos nas paredes, além das três irmãs está ali também uma vizinha loira e bonita, cumprimenta-se a mãe das moças, velhinha simpática, cabelos grisalhos penteados a capricho, a velhinha engrola umas palavras e recolhe-se ao segundo andar, as moças levam a nossa corriola para o quintal, que tem plantas de vaso, algumas videiras junto ao muro, um caramanchão com bancos de madeira, a mais velha, Giovanna, que é viúva, está levando para o quarto, no segundo andar também, um mulatinho motorista de jipe da Primeira Bateria, as moças ficam com a nossa corriola, sentam-se no colo, acariciam-nos os cabelos, se alguém faz uma tentativa mais ousada a mocinha se arrepia no colo do praça, não, não pode ser, de jeito nenhum, ela é noiva, é vergine, é pura, tem de conservar a pureza e a virgindade para o noivo, prigioniero in Germania, está bem, está bem, tome lá os seus sigaretti, é isto que você quer, beijo na boca pode ser? Sí, sí, risada sem vergonha, cabelos loiros de madona renascentista, eu vou fugir daqui, eu não quero nada disso.

Guerra? A guerra se trava é no íntimo de João Afonso. Carrancudo, ensimesmado, ele se encolhe no capotão, enquanto o jipe voa em seu regresso clandestino às posições da artilharia.

COMÉRCIO

O caminhão da Central de Tiro parou diante de uma casa de pedra, de dois andares, igualzinha às demais casas do povoado. Começou-se a descarregar o reboque, levando-se todo o material para um quartinho térreo.

De repente, apareceu o capitão Bastos, do PC. De rosto escanhoado e olhos quase femininos, era um anacronismo ambulante no ambiente de guerra.

— Não, aqui não pode ser.

— Não pode mesmo? O capitão Aires mandou descarregar tudo aqui.

— Não pode ser, são ordens.

Os praças deram meia-volta e ficaram esperando pelo capitão Aires.

Ouviu-se o capitão do PC comentar com o coronel:

— Pode-se admitir uma coisa dessas? Queriam instalar a CT dentro de casa. Os praças teriam que dormir na própria CT, e imagine, coronel, como seria desagradável, por exemplo, o senhor se dirigir para o reservado (o delicado capitão era incapaz de dizer: "privada") e encontrá-lo ocupado por um praça.

A grande barraca da CT estava no fundo de um caixote. Desencavaram o pano, e a barraca foi armada diante da casa. Instalaram-se no chão os telefones, e cada calculador arranjou uma pedra ou um caixotinho para se sentar.

Uma chuvinha fina e penetrante não cessava de cair. Dava tristeza, amolecimento, desânimo.

Apareceu um casal de meia-idade. Falavam português, com forte sotaque. Haviam residido muitos anos em São Paulo e tinham uma filha nascida no Brasil.

— Vocês vão conhecê-la. Coitada, vive queixando-se do clima, diz que ficava boa com dois dias de sol brasileiro. Vocês vão vê-la, coitada.

Não sabendo o que fazer, alguns praças oferecem ao casal latinhas de comida, que são recebidas com agradecimentos e sorrisos.

Pouco depois, o casal vai buscar a mocinha. É morena, pálida e tosse muito. Instalaram-se no quartinho térreo, onde deveria ficar a CT.

De vez em quando, os praças dão uma escapada da barraca, para conversar com a moça. Ela sorri, apesar da tosse, da palidez, da chuvinha fina que não cessa de cair.

Anoitece. Acende-se o lampião ligado a um jipe e ilumina-se o interior da barraca.

João Afonso marca uns pontos na carta topográfica. Diabo de terra! As curvas de nível, traçadas com diferença de 25 metros, formam um emaranhado escuro sobre a carta. Essas montanhas não acabam mais. Passa-se uma, há outra maior na frente.

Aparece o major Passos e diz qualquer coisa ao capitão Aires. Depois que o major sai, fica-se sabendo que haverá ação de patrulha, com tiro sobre pontos marcados.

João Afonso continua a calcular. Birundinha, a seu lado, procura examinar os pontos, pois o capitão Aires lhe disse que devia aprender, a todo custo, a função de Controlador Vertical. Pobre Birundinha! Está sumido debaixo do capotão de lã, da japona, de duas suéteres e um cachecol, e assim mesmo treme todo, tem os lábios azulados, os olhos amortecidos.

— João Afonso, você quer o esquadro?

E lá vai ele procurar o esquadro, num caixote repleto de material.

— Agora, você vai precisar do fan,[2] não é verdade?

Agita-se, corre, procura mostrar atividade, com medo de que o transfiram para alguma função mais perigosa, talvez para a turma do Observador Avançado.

Finalmente, vem a ordem de atirar sobre os pontos marcados.

A patrulha sai da casa em que se abrigava o pelotão. Um sargento, um cabo e seis soldados. Em fila indiana, silenciosos, curvados. O sargento traz metralhadora a tiracolo, os demais avançam de fuzil na mão. Todos têm granadas penduradas no cinto.

Esgueirando-se pela margem da estrada sinuosa, encaminham-se morro acima, na direção de Fiano: um grupo de casarões de pedra com igreja no centro.

Ouve-se cantar a metralhadora leve alemã, a lurdinha. Dois homens caem feridos. São deitados na margem da estrada. O sargento desaperta do cinto o pacotinho de sulfa e despeja o pó nas feridas dos soldados. Um deles está ferido na barriga da perna, o outro na coxa.

O sargento combina com o cabo que este vá um pouco adiante, para verificar o que há numa casa logo acima do povoado (é o objetivo da patrulha; o fogo veio de outra direção, de um mato à direita). O cabo continua a ascensão, seguido pelos soldados cabisbaixos. O sargento vai tratando dos feridos.

— Como é, está doendo?

— Não é nada, não.

O mulatinho ferido esboça um sorriso contrafeito. O cabo e os soldados continuam a esgueirar-se morro acima.

---

[2] Apetrecho para se verificar, graficamente, a posição do tiro.

Novas descargas de lurdinha. Os tedescos estão mesmo assanhados. E como os tiros estão vindo em grande número de frente, de perto da casa que se procurava atingir, o cabo não tem outro recurso senão regressar com os seus homens à base de partida.

Que fazer? O sargento com os dois feridos não podem ficar ali na estrada, expostos às balas. Arrastam-se para o povoado e deitam-se à porta da igreja.

Granadas de artilharia passam assobiando sobre suas cabeças e vão estilhaçar-se acima de Fiano.

Um civil italiano aparece à porta de uma das casas.

— Vieni qua, vieni qua!

— Que é?

— Vieni qua!

O sargento rasteja até a porta em que apareceu o paisano.

Depois, vai falar com os feridos e os três se arrastam até uma casa indicada pelo civil. Os feridos são atendidos por duas irmãs de caridade. O sargento fica andando nervoso pelo quarto. De vez em quando, espia pela janela.

Uma patrulha alemã entra em Fiano. São soldados velhos, de ar cansado, curvados sobre os fuzis. Um, dois, três, quatro, cinco. Estacam diante das japonas abandonadas pelos feridos. Revistam os bolsos e apanham dois maços de cigarros americanos. Olham furtivamente para as casas e tornam a sair do povoado.

São sombrios, decididos, quase maquinais. Se lhes ordenassem avançar de peito descoberto sobre as metralhadoras, haveriam de fazê-lo sem vacilar. Mas não tinham recebido ordem de revistar as casas, e estão habituados a cumprir escrupulosamente sua obrigação, nada mais.

O sargento moreno continua caminhando pelo quarto. As irmãs de caridade vão tratando dos feridos, que gemem baixinho. Os tiros da nossa artilharia continuam a estilhaçar-

-se com estrondo acima de Fiano, em torno da casa que a patrulha devia atingir.

O capitão de infantaria está no PC do batalhão. Quer dar um golpe de mão e trazer de volta o sargento com os dois feridos. Tem um plano engenhoso para os tiros de artilharia. Conversa com o capitão artilheiro adido ao PC do batalhão. Todos acham um tanto temerário, quase maluco, aquele capitão de infantaria, barbudo e sujo, os olhos pretos e vivos.

O oficial insiste, o seu plano tem que dar certo. Um pelotão é suficiente, basta que lhe deem apoio efetivo de artilharia.

O oficial artilheiro telefona para a CT. Expõe o plano de tiro do capitão. Às vinte e trinta, tiro sobre 20.05-18.32; às vinte e trinta e cinco, sobre 21.05-19.40, e assim por diante.

O coronel está na barraca da Central. O capitão Aires lhe relata o plano de tiro. O coronel vai caminhando pela barraca, pisoteando a erva misturada com o barro. Fica esfregando as mãos.

— O homem é doido mesmo. O jeito é deixar os feridos onde estão, o alemão que tome conta deles.

Continua dando suas passadas pela barraca. Depois, ordena que se telefone para o Quartel-General, a fim de expor o plano e transmitir o pedido de autorização para o golpe de mão.

O capitão de infantaria está avançando morro acima, olhos atentos, as mãos sobre a metralhadora pendurada a tiracolo. A seu lado avança o tenente, logo atrás vêm dois sargentos. Os soldados caminham cautelosos, nas margens da estrada. Granadas passam-lhes assobiando sobre a cabeça. O pelotão continua em seu avanço para Fiano.

O capitão artilheiro telefona para o Grupo.

— O barbicha voltou com o pelotão. Conseguimos trazer o sargento com os dois feridos. Não houve baixas no golpe de mão.

O coronel continua as suas passadas pela barraca, esfregando as mãos. Depois, diz ao capitão Aires:

— Me arranjem papel e lápis.

Vai rabiscando na caderneta do capitão, fazendo uma porção de cálculos. Em seguida, vira-se para o capitão e o major:

— Imaginem, saiu caro o bombardeio. Que desperdício: noventa e seis contos, para trazer um sargento com dois homens feridos!

Os oficiais retiraram-se da barraca da CT. Os calculadores estendem as mantas no chão para dormir. Como o espaço não dá para todos, João Afonso carrega as suas coisas para baixo de uma árvore. Estende meio pano de barraca, enrola-se em três mantas e adormece, enquanto a chuvinha fina e impertinente continua caindo em volta.

A ESCOLA DO SOLDADO

O infante João Paiva caminha, fuzil na mão, conduzindo para a retaguarda imediata dois prisioneiros italianos. Na tarde cinzenta e fria, faz bem sentir-se dominador, conquistador em terra estranha. Qual, essa gente só serve mesmo para cantar "O sole mio" e pedir sigarette nas estradas! Ao mesmo tempo, sente pena daqueles rapazes. Parecem ter a preocupação máxima de render-se o mais depressa possível e acabar de vez com aquela guerra. Foi só atirar uma granada de mão contra o sobrado em que estavam dez italianos e — pronto! — são dez inimigos a menos (os oito restantes já foram conduzidos à retaguarda).

João Paiva está contente. A caminhada foi longa naquela ofensiva. Houve granadas inimigas estourando perto, tiros de metralhadora, mas o pior mesmo era aquela caminhada pelas montanhas. Ainda bem que a tarde está chegando ao fim. Vai-se descansar um pouco.

A guerra até que não é tão ruim como se pensava. Que gente aquela! Lembra-se dos franceses, belgas, holandeses, alistados no exército alemão, e que se rendiam ao primeiro sinal de perigo. Vinham com adulação e subserviência. Foram alistados à força, não queriam saber de alemão, agora sim estavam felizes. Tentavam beijar as mãos dos soldados. Que nojo!

João Paiva não sabia que, na mesma hora, patrícios daquela gente morriam enfrentando o inimigo. E aos seus olhos, o continente aparece como uma terra de ignomínia e covardia, de prostituição e câmbio negro.

Em todo caso, não se detém muito em tais pensamentos. Entregues os dois rapazes, caminha para o fenil[3] em que estão instalados os demais praças do Grupo de Combate. Desaperta o cinto, devora a ração K e estira-se satisfeito sobre o feno.

— Pois é, você viu que turma de frouxos?

— Nem me diga, eu estou é cansado de subir tanto por essas montanhas. O inimigo bem que podia parar um pouco.

Barulho infernal, tiros de fuzil assobiando, matraquear de metralhadoras. Os soldados pulam assustados. Alguns se lembram de apanhar o fuzil. Outros nem isso. E em meio à fuzilaria, percebem-se perfeitamente uns gritos: "Heil Hitler!".

João Paiva corre ladeira abaixo, com alguns companheiros. Está descalço e sem capacete. Logo adiante, outros praças de fuzil em posição, uma metralhadora, duas bazucas. De novo fuzilaria. Os praças do outro pelotão estão firmes. Mas João Paiva não serve mais para soldado naquela noite. Corre para uma das casas próximas e atira-se ao chão. Fora, continua um chiado de balas passando.

Dias mais tarde, sombrio e cabisbaixo, João Paiva caminha com os demais praças da sua companhia, em direção do caminhão que os levará para o setor de Bolonha. Os soldados passam sob os olhares irônicos de uns pretos americanos, que vão substituir a tropa brasileira.

Um pretinho mais desembaraçado que os demais, John Boyle, vai provocando os brasileiros:

---

[3] "Fenil", possível adaptação do italiano *fienile*, "celeiro", designando o local onde os praças estavam alojados. (N. da E.)

136

— Brasiliano cantare samba, non fare guerra.

Alguns companheiros do pretinho magricela são menos impertinentes. Querem saber como está aquela frente, quando foi o ataque alemão, se havia muitos tiros de artilharia e outras coisas assim. Percebe-se neles a gravidade do soldado que ainda não conhece bem as durezas da guerra. Muitos lembram as horas boas do convívio com os brasileiros, na cratera do vulcão extinto, perto de Nápoles.

Mas John Boyle é insaciável na provocação:

— Noi non havere paura, brasiliani molta paura.

E vai rindo, e vai pulando junto aos brasileiros.

A coisa foi em dezembro. Nunca mais John Boyle há de esquecer aquela noite. Houve bombardeio de artilharia, tiros de morteiro chiando em volta, matraquear incessante de metralhadora. John Boyle saiu correndo de casa. Em volta dele, os companheiros também corriam morro abaixo. Alguns caíam ensanguentados sobre a neve. E os tiros os perseguiam, e o chiar dos morteiros, e aqueles gritos perfeitamente audíveis:

— Heil Hitler! Heil Hitler!

John Boyle se lembra de oficiais brancos gritando, na tentativa de impor um pouco de ordem naquele torvelinho que descia o morro. E, depois, a passagem pelas ruas estreitas e medievais de Barga, as caras assustadas dos italianos, o bombardeio contínuo da artilharia alemã.

Quando John Boyle se encaminhou para tomar o caminhão que o levaria a outro setor, uns americanos brancos estavam parados à beira da estrada. Sorridentes, olhavam com desdém para aquela tropa vencida, desmoralizada. John Boyle encolheu-se embaixo do capacete de aço. Sentia um vazio dentro de si; transformara-se em soldado.

ÓDIO DOS HOMENS

Contra o ferro e contra o fogo, contra o cansaço e o frio, contra a chuva e contra a neve, os homens lutaram na montanha. Subiram morro, desceram morro, atravessaram rio sobre umas tábuas, passaram pela cidadezinha de pedra, granadas estourando, deitaram-se junto aos muros e, depois, subiram, subiram, subiram. Dormiram um pouquinho e, de manhãzinha, foram lançados ao ataque, sempre montanha acima. Granadas de mão, metralhadoras, bazucas, tudo concentrado na ânsia de subir. A chuva molha os ossos, a roupa cola-se no corpo, mas os homens continuam subindo. E, na subida, fazem prisioneiros, aniquilam postos avançados do inimigo.

Chegam à crista da montanha e ali se instalam. Cavam buracos, estendem linhas telefônicas, colocam metralhadoras em posição.

Abrem-se as latinhas de ração fria, esfregam-se as mãos. O vento fustiga as orelhas e teima em varar a grossa japona.

À tardinha, começa a nevar. É a primeira vez que os soldados veem neve. Noutras circunstâncias, seria muito interessante. Os homens encolhem-se nos buracos escavados na terra, os fox-holes, e procuram esconder-se sob a gola do capotão americano.

Anoitece. Parte da tropa está em posição nos buracos, os demais abrigaram-se em casarões da vizinhança.

O capitão está apreensivo. Que loucura, aquele ataque! Mal podia manter ligação com a companhia vizinha e, em caso de contra-ataque, não conseguiria obter do PC do Batalhão garantias de remuniciamento eficiente. "Se quiser, mande alguns soldados buscar a munição. Mas não podemos arranjar muita coisa." E o Batalhão estendido numa frente de quatro quilômetros e meio, em terreno recém-conquistado, sem qualquer espécie de reservas!

— Loucura! Absurdo! — vai resmungando o capitão Celso. — Não posso compreender o que pensa o nosso comando. A gente obedece, mas é um despropósito, um crime!

O tenente Rui procura acalmá-lo. Ora, não há de ser nada. Tudo sairá bem.

— Afinal, a gente não é cego — continua o capitão. — Estamos pertinho de Castelnuovo di Garfagnana, o tedesco não vai nos deixar instalados tranquilamente nestas alturas, com vistas para os seus movimentos. O contra-ataque não pode demorar muito, tenho certeza.

O tenente Rui chega à janela, para ajeitar melhor a lona que cobre as vidraças quebradas. Acende a lanterninha e lê mais uma vez a última carta de casa. Como soam bem, como soam gostoso, as palavras de Olguinha! Olguinha morena, Olguinha boa, com quem se casou, por insistência dela, dois meses antes do embarque. E como é doce saber de todas as pequenas notícias daquele mundo distante! Olguinha está fazendo um pulôver para ele, mamãe já mandou um capuz de lã, os jornais falam muito nos feitos da FEB. Você esteve em.................. Um trecho da carta foi cortado pelo censor, que fez ali um buraco. Que pena! Isto sim é que é despropósito! Que mal havia em se deixar na carta mais um pouco da prosa cheia de carinho de Olguinha? Ela nunca escreveria algo perigoso.

O capitão Celso remexe-se sobre a manta, estendida no chão.

— Qual, meu velho, eu não me conformo! Não me conformo!

De repente, uma barulheira dos diabos. O capitão telefona para o PC do Batalhão:

— É o contra-ataque! Reforços com urgência!

O que poderão fazer os seus homens? Uma companhia, para defender toda aquela crista de morro!

As lurdinhas aproximam-se, os tiros de fuzil também. E um chiar de morteiros. E as granadas de artilharia, batendo a retaguarda da Companhia, para evitar a chegada de reforços.

Os homens resistem. Cansados, molhados, enraivecidos. Atiram granadas de mão, acionam metralhadoras. O inimigo assalta as posições. Vultos sinistros na treva. E as lurdinhas cantando. E os morteiros chiando. E companheiros caindo.

O capitão sai com o tenente para a frente da casa.

— Vamos deixar a posição! Comecem a retirada!

Os homens da Companhia continuam atirando. Alguns caem ali mesmo, mas vão se arrastando morro abaixo, ajudados pelos companheiros.

O capitão descarrega a metralhadora de mão.

— Vamos descendo! Depressa!

O capitão e o tenente vão descarregando as armas, enquanto os seus homens descem o morro.

— E pensar que a munição está chegando ao fim, meu velho!

Finalmente, os dois oficiais acompanham a retirada da companhia. De vez em quando, dão uma descarga.

O inimigo acompanha-os de perto. Tiros de fuzil assobiam-lhes junto à cabeça. E a lurdinha terrível não para, não cessa.

O tenente Rui tomba, o pé estraçalhado. O capitão ajoelha-se, despeja-lhe sulfa na ferida, faz apressadamente um amarrilho com gaze. Mas o sangue jorra, atravessa a gaze, não se estanca. O capitão carrega o companheiro nas costas.

Mas o alvo é muito visível assim. Deitam-se de barriga e vão rastejando.

— Meu velho, meu velho, não desanime, eu te ajudo.

O sangue jorra, o ferido desfalece.

— Vamos, ânimo com isso!

O capitão Celso vai arrastando o tenente. Os tiros continuam zunindo, há sombras estranhas atrás das árvores.

O capitão dá mais uma rajada de metralhadora.

— A gente vai se salvar, meu velho, pense em Olguinha!

O ferido geme baixinho.

O capitão procura analisar a situação. Impossível escapar do inimigo, arrastando o ferido por aquela encosta cheia de pedras e buracos. Não! O jeito é deitá-lo numa depressão de terreno e ir buscar os padioleiros.

— Não desanime! Você vai ficar aqui, mas daqui a pouco eu volto para te levar pro hospital.

O ferido fez sim com a cabeça.

A neve caía.

Os soldados da Companhia abrigaram-se atrás de umas moitas e continuaram atirando.

O capitão reuniu uns padioleiros e guiou-os morro acima. Sob a neve e as balas, os homens procuravam o tenente. Nem sinal! Será que ele caiu prisioneiro? Ou continuava gemendo em seu buraco, que não conseguimos encontrar?

A noite escura. As sombras movendo-se atrás das árvores. As balas zunindo.

No dia seguinte, os homens extenuados da Companhia foram concentrados na retaguarda imediata. Estavam maltrapilhos, imundos, de mãos arranhadas e olhos quase dementes. Comandava-os o capitão Celso, cabisbaixo, abatido. Ia ruminando planos de patrulha para ir buscar o tenente Rui.

O major anunciou:

— O general quer falar à Companhia.

Os homens foram agrupados num povoado. O general gordo e baixo apareceu à porta de uma casa e caminhou na direção dos soldados.

— Covardes! Vocês desonraram o nosso exército! Que isso não nos aconteça nunca mais, nunca mais — estão ouvindo?

Os soldados continuavam quietos. Os olhos quase dementes. A angústia no rosto. A lembrança dos companheiros caídos. O desespero. Mas, sobretudo, o ódio. O ódio crescia, expandia-se, tomava conta de cada um.

TROGLODITAS

João Afonso em Silla

Sou apenas um homem em face da montanha. Fui me despojando de outros atributos, simplificando-me ao extremo, até ficar reduzido a esta condição. As formalidades e injustiças da vida militar; a promiscuidade do navio-transporte, com suas filas, seus catres com gente vomitando, com as latrinas em que os homens se sentavam frente a frente; as impressões de guerra e de miséria, a prostituição e a mendicância exercidas em profusão; os extremos de degradação tornando-se fato normal e cotidiano; tudo isso me reduziu a mero espectador, mecânico e passivo, cuja vida se limita a calcular tiros que serão enviados contra a montanha.

Ao redor, vejo outros seres na mesma condição. A princípio, ainda se mostravam capazes de vibrar com algo. As cartas e jornais recebidos de casa eram comentados, discutidos, havia longas confissões, de uma sinceridade e impudor possíveis unicamente em semelhantes circunstâncias. Todavia, amores e ódios, esperança e temores foram se apagando e reduzindo. Agora, os rostos são duros, pétreos, os olhos parecem imóveis. A própria camaradagem, tão confortadora em muitas ocasiões, tornou-se rotina. Substitui-se no quarto de ronda o companheiro cansado, mecânica e simplesmente, por hábito, como algo preestabelecido e que não pode ser de outro modo.

É verdade que existe o medo. No momento, não é o pânico, o medo que se experimenta nas grandes ocasiões; o que se sente é algo persistente e monótono como uma dor de dente. Os homens vão para a fila do rancho e, geralmente nessa hora, começa o bombardeio sobre a ponte em frente. O assobio das granadas dá esta sensação quase de dor de dente, apenas um pouco mais intensa. Se o assobio é mais forte, os homens sabem que a granada cairá perto; deitam-se então na lama, encolhidos, o rosto enterrado no chão; ouve--se depois a explosão, o ploque-ploque dos estilhaços ao redor; passados aqueles instantes, os homens apalpam-se, a fim de verificar se não estão feridos, e voltam para a fila, com os mesmos rostos pétreos e magros, os mesmos olhos imóveis e inexpressivos.

Há um contraste muito grande entre estes homens que estão na frente de combate e os que, por um motivo qualquer, chegam da retaguarda. Os olhos esgazeados, o ar de sobressalto, logo revelam a criatura que não passou pelo processo de petrificação e ainda não está possuída pelo espírito da montanha. Os próprios praças que saem para um descanso de três dias em Florença voltam irreconhecíveis. Não é para menos: três dias comendo em pratos de louça, com garfo e faca, tomando banho de chuveiro, indo a cinemas e teatros, a museus, usando privada de gente. Depois, o regresso é terrível, exige nova adaptação. O rosto já deixou de ser aquela máscara impassível, os sentimentos humanos afloram novamente à superfície, há outra vez saudade e amor, angústia e desespero, ternura e ódio. Olha-se com asco para o caldeirão de comida fria no qual os companheiros vão encher as marmitas, às vezes sem lavar e apenas enxugadas com papel higiênico, sente-se repugnância de pedir ao companheiro que empreste o garfo. E à noite, o assobio das granadas por cima do telhado tem algo de lúgubre e angustioso. Mas, aos poucos, tudo volta à rotina, cobrindo-se do véu de indiferença que permite suportar semelhante vida.

O véu de indiferença em relação a tudo tem sua correspondência no plano objetivo: a fim de proteger a ponte, muito importante para a passagem de suprimentos, instalaram máquinas fumígenas nas cabeceiras e, a partir de então, vive-se dentro de uma nuvem espessa, sem ver jamais a luz do sol. As chuvas e a lama de outono foram substituídas pelo inverno, o alvor da neve confunde-se com a fumaça, e cada um sente dentro de si apenas um vazio igualmente branco, quase sem saudades, quase sem esperança.

Realmente, torna-se estranho ver gente que ainda não se reduziu ao mesmo estado. Uma noite, acabara de calcular tiro, e já me encaminhava para dormir no segundo andar do casarão de pedra, quando o capitão me entregou um envelope fechado para levar ao Centro de Mensagens, instalado em outro casarão, bem junto à ponte. Pouco antes de chegar ao destino, vi luz coando-se através da lona pregada a uma janela. Naturalmente, devia ser gente novata, ignorante dos perigos que acarretava uma luz daquelas. Gritei, mas ninguém me respondeu. Espiei para dentro do quarto. Junto a um aquecedor de ferro, havia quatro soldados americanos esquentando-se e, pouco adiante, sobre um catre, algo que se mexia. Fixando melhor a vista, pude ver, aparecendo sob o cobertor, uma cabeça de mulher e outra de homem. Pouco depois, o homem saía de sob as cobertas e ia para junto do aquecedor, sendo substituído no catre por um de seus companheiros. Lembro-me de que não senti asco, indignação ou inveja: estava reduzido de fato a criatura assexuada e quase sem sentimentos; o que me surpreendia era aquela ocupação em meio à vida que levávamos, era a existência de homens ainda preocupados com tais coisas.

De vez em quando, surgiam vultos e rostos femininos. Dormíamos no segundo andar do casarão de pedra; no terceiro, espécie de sótão, alojavam-se em promiscuidade famílias que se retiraram da zona de combate da infantaria. Velhos, mulheres, mocinhas, crianças, todos tinham o rosto pétreo que eu via em meus companheiros de unidade. Uma vez, porém, apareceu no meio daquela gente uma mocinha de uns dezoito anos, morena, de olhos que ainda não estavam imobilizados, de boca que ainda se abriu num sorriso, quando um dos meus companheiros lhe ofereceu um pedaço de chocolate.

Seria possível? Nem tudo era pedra e neve naquelas montanhas? Decididamente, eu precisava certificar-me. E sem outra intenção, atraído unicamente por aquele sabor de vida autêntica, por aquele lampejo de sentimento humano, fui falar com a mocinha. Balbuciei qualquer coisa sobre a roupa de lavar, pois nada me acudia à mente que não se relacionasse com a rotina. "Ma io non lavo per i soldadi", indignou-se ela, e eu pude ver novamente uma expressão humana, de susto e vergonha, de perplexidade e asco.

Às vezes, o espírito da montanha começava a pesar demasiadamente. Era o mesmo vácuo interior, a mesma indiferença a tudo, mas acrescia-se a isto um elemento estranho, perturbador, um peso esquisito saído dessa mesma sensação monótona. Em tais ocasiões, havia quem começasse a praticar desatinos; o mais comum era uma escapada não autorizada, quase uma deserção. Os oficiais, por força das circunstâncias, fechavam os olhos à indisciplina.

— Vou tomar banho em Porretta Terme, capitão. O João me substitui na prancheta — murmurei certa manhã, os olhos dirigidos para o chão, contando as tábuas.

Era difícil aquela tentativa de fuga ao domínio que a montanha exercia sobre cada um de nós. Atravessar a ponte significava, sobretudo, voltar aos contatos humanos, à alegria e à tristeza, à miséria e à degradação, ver novamente o reflexo da grandeza e dos absurdos de desumanidade que sucediam na guerra, ser de novo uma criatura como os demais e não alguém possuído pelo espírito da montanha, que calcula tiros sobre ela e dela recebe a sua porção diária de estilhaços de granada.

Havia um jipe estacionado na cabeceira da ponte, à espera de que uns caminhões acabassem de atravessá-la em sentido contrário. No banco da frente, estavam dois oficiais americanos. Pedi-lhes carona.

— May I?

Os americanos não respondem. Um deles encolheu ligeiramente os ombros, gesto que interpretei assim:

— Se quiser, vá lá.

Apoiei as mãos na carroceria do carro e já ia pular para o banco de trás, mas, de repente, vi que ele estava coberto de sangue. Aquilo me despertou do estado de torpor e indiferença em que vivera. Sangue abundante, bem rubro, generoso. Positivamente, a vida fora da nuvem de fumaça reservava-me surpresas abaladoras.

— Oh! Forgive... I... I... — e saí correndo na direção de Porretta.

Fora da nuvem de fumaça, longe do casarão conhecido e das caras pétreas de todo dia, surgem sentimentos há muito esquecidos. O medo já assume proporções humanas, sente-se alegria de ouvir o rio correndo, marulhando, tem-se curiosidade pelas coisas, espia-se o rosto da menina feia que passa espremida contra o morro, carregando uns trastes.

Fui andando pela cidadezinha apertada entre montanhas e que consistia quase exclusivamente numa rua comprida, de ambos os lados de um riacho, com prédios de três e quatro andares, quase todos velhos e feios. Como tivesse ocorrido pouco antes um bombardeio, havia crianças assustadas e mocinhas de olhar desvairado. Padioleiros retiravam de um posto de saúde alguns feridos e transportavam-nos para ambulâncias. Os corpos iam estendidos nas padiolas, a manta cobrindo a cabeça. Imóveis, pareciam objetos de massa.

150

Como não estivesse sob a proteção da cortina de fumaça e meus nervos reagissem a tudo, fui correndo pela rua.

Sons de swing vinham de um dos prédios. Na janela, havia dois mulatos americanos. Um deles me fez sinal:

— Vieni qua!

Subi a escada do clube.

O mulato que me fizera sinal ficou falando na habitual algaravia ianque-italiana. Não o ouvia propriamente e de vez em quando emitia uns monossílabos, à guisa de resposta.

Estava ofuscado pelo ambiente. Mesinhas de xadrez, poltronas, um barzinho. Quadrinhos na parede: um retrato de Washington, a velhinha tradicional de Whistler, mulheres nuas em posições escabrosas.

Sentei-me na poltrona. Incrível, aquele macio!

O swing continuava a chiar na vitrola. O mulato falava sem cessar, mostrando retratinhos, comovendo-se com seu próprio relato.

Era demais! Corri escada abaixo. Encaminhei-me a passos rápidos para Silla, na direção da nuvem de fumaça, das granadas estourando, dos companheiros extenuados, para longe daquele conforto cruel, fictício, anacrônico, difícil de aceitar.

Um dia, veio a ordem para mudar de posição. Íamos ver a montanha de um outro ângulo, mandar tiros e receber tiros como havíamos feito até então, dormir num casarão como aquele, feito de grandes pedras rejuntadas com argamassa ordinária, e que estremeceria igualmente com o bombardeio, cobrindo-nos de poeira.

Arrumamos os nossos pertences em silêncio e subimos para o caminhão. Quando passamos junto à ponte uma granada estourou perto do veículo. Comprimidos uns contra os outros, encolhidos sob os capacetes de aço, ouvíamos o chicotear dos estilhaços contra a carroceria. Outra granada passou assobiando e foi enterrar-se na neve à beira da estrada.

— Lencou — disse a meu lado um mato-grossense moreno.

Estávamos fora da nuvem de fumaça. O caminhão corria ao encontro da noite. Divisei ao longe um trecho do Belvedere, com a sua cumeeira calva. Um som estranho veio rolando pelos alcantis. E eu, que estivera até então mudo e vazio, ouvi ressoar em mim um gargalhar sinistro e longínquo.

PRETO E BRANCO

O capitão Crispim está sentado no quarto, sobre um caixote, diante de uma velha mesa quase desconjuntada. A lanterninha lança um filete de luz sobre o papel, o suficiente para escrever. O tenente Raposo está deitado um pouco adiante, no chão, e a sua respiração sonora serve de fundo musical aos pensamentos do capitão Crispim.

O capitão procura recordar os acontecimentos dos últimos dias, para ver o que se pode pôr numa carta para a Verinha. Mas tudo é tão cinzento, igual, desanimador. E a Verinha precisa de cartas que a estimulem, que lhe deem a ilusão de que seu marido está bem e em plena segurança. E as mentiras vão se aglomerando no papel.

Para de escrever de quando em quando e pensa um pouco na vida. Aí está ele, numa guerra que sempre achou estúpida, mas, ao mesmo tempo, deseja que tudo corra bem e, por isso mesmo, dá o melhor dos seus esforços para que isso aconteça. O seu nacionalismo ingênuo está ainda mais exacerbado pela distância da pátria. E ele procura animar os soldados, conversar com todos, fazer-lhes ver que é preciso ter fibra, decisão, espírito de sacrifício.

Gostaria de ser um oficial popular entre a tropa, uma espécie de amigo graduado, mais experiente, quase um pai. Sente, no entanto, o seu fracasso. Os soldados não o evitam, respondem cortesmente às suas perguntas, mas não o procuram como amigo, vivem isolados no seu mundo de praças, dizem entre si as suas piadas, os seus palavrões, trocam as suas confidências, nenhum deles se lembra de ir mostrar ao capitão o retratinho que recebeu da namorada.

O capitão Crispim está pensativo. Aqueles homens passam com ele os momentos mais dramáticos da vida de cada um, fazem com ele revista de linhas telefônicas, sob o bombardeio, no frio e na chuva, e embora nunca vejam o oficial fraquejar (o esforço que isto exige!), embora sempre o encontrem no posto de perigo, mesmo quando a sua presença não é diretamente indispensável para a execução da tarefa, não há entre eles uma ligação afetiva de qualquer espécie — apenas a rigidez, a fria correção das relações entre superior e subordinados.

O capitão acha difícil vencer a distância que o separa das pessoas. Lá está, por exemplo, o tenente Raposo. Antes do embarque para a guerra, era um rapaz elegante, bonitão, apesar da cara picada de bexigas, preocupado com o vinco do seu terno paisano, uma pessoa sempre limpa e bem disposta. Agora, vive no relaxamento e na imundície. É verdade que tomar banho é um sacrifício, embora nessas ocasiões o motorista do capitão esquente para ambos um camburão d'água. Barba comprida, roupa suja, unhas desleixadas — tudo isso é apenas um reflexo do que vai no íntimo do tenente. Recebe em cada mala postal duas ou três cartas perfumadas da noiva, mas, nesses dias, parece ainda mais relaxado, de um relaxamento desesperado, acabrunhador. De dia, fica andando perto da cozinha, ora com um, ora com outro pretexto, inventando serviço, ajudando aqui, dando uma ordem ali, parece querer justificar de algum modo a sua presença na guerra. Torna-se mesmo temerário, de um heroísmo inútil, que os praças acham estúpido. Que diabo tem ele a fazer na cozinha, justamente na hora do bombardeio, ou na casa próxima à ponte?

De raro em raro, arranja pretexto para uma escapada de jipe e vai a Camaiore, passar duas horas com uma italiana de dezesseis anos. Tais escapadas exasperam o capitão Crispim. Que exemplo para os praças! — pensa. E justamente agora, quando há tanta gente parada, sem função, numa pasmaceira incrível sob o bombardeio! Mas, sobretudo, não compreende como é possível descer tanto. Comprar carinho com cigarros e latinhas de comida!

O capitão sente um asco invencível por toda aquela podridão. Os olhos se acostumam, os ouvidos também, mas alguma coisa sempre fica a protestar no íntimo, a reclamar, a dizer que a vida não pode ser vilipendiada com tanta naturalidade, com tamanha despreocupação.

Um ruído abafado vem do quarto contíguo. Com certeza, é o rondante que veio acordar seu substituto. Mais adiante, alguém tossiu. E logo recomeçam os assobios soturnos por cima da casa, seguidos de explosões próximo à ponte.

Vontade de desabafar com Verinha, de escrever-lhe sobre aquela guerra estúpida, sobre a sua solidão e desespero, sobre as granadas uivando por cima da casa. Ora, bobagem, é preciso ser forte. Por isso mesmo, fazendo um esforço tremendo, o capitão escreve uma página literária sobre o castelo em que esteve alojado poucas semanas atrás.

FRANGALHOS NA NEVE

O jipe do capitão Aires, que estava destacado na função de Observador Avançado junto à infantaria, corria pela estrada cheia de curvas, na direção de Pistoia. O motorista Manfredo encolhia-se no capote grosso e segurava com força a barra de direção, as mãos enluvadas em couro e lã. Caíam flocos esparsos de neve, que se depositavam em manchas sobre a montanha e nas margens da estrada.

Maldito tempo! Aquilo era país para se viver? Dezembro. No Brasil, o sol estaria brilhando sobre as árvores, as moças usariam blusas leves e transparentes, haveria parzinhos despreocupados nos parques. E haveria o riso cristalino de Célia. Nos primeiros tempos, ela devia ter ficado triste com a partida do noivo, mas a gente se acostuma. Era uma mocinha tão dada, tão alegre! Em outros tempos, Manfredo gostava de que lhe gabassem os modos da noiva. Naqueles momentos, porém, era quase com raiva que se lembrava da sua expansividade. Para que precisava ela apertar os dedos dos seus conhecidos, num gesto espontâneo e inocente, mas que não deixava de ser um tanto provocante? E o modo de trajar-se! Para que usar aquelas blusas transparentes sobre combinação branca, que deixavam delineadas as manchas dos seios? Diabo! Outros estariam gozando a sua presença, devorando-a talvez com os olhos, com a imaginação, e ela continuaria a viver despreocupada, alegre, com aquele arzinho de menina. Era até capaz de arranjar outro namorado, pois não sabia passar muito tempo sem dar expansão ao temperamento. Era assim mesmo, Manfredo tinha certeza.

Não devia pensar naquilo. Prestasse mais atenção à estrada. As rodas estavam sem correntes e o carro podia derrapar. O capitão Aires tocava-lhe o ombro e repetia:

— Cuidado, Manfredo, muito cuidado!

Sim, tomaria cuidado. Tinha muito amor ao pelo, ficassem tranquilos. Não ia arriscar-se justamente naqueles momentos de quase folga, naquela escapada legal e autorizada da linha de frente.

Era bom ir a Pistoia. Faria ali compras, arranjaria uma coleção de cartões-postais com reproduções de quadros, iria talvez ao cinema ou tomaria banho em alguma pensãozinha ordinária. Em todo caso, haveria um trago de grappa, em companhia de alguns amigos de circunstância, desses que sempre têm uma confidência especial a fazer à gente, e que se torna cada vez mais íntima, à medida que aumenta o número de cálices emborcados.

Na volta, pernoitariam em Silla. Lembrava-se do porão superlotado de praças, das longas conversas, das granadas assobiando sem cessar por cima da casa. Não importa! O principal era atordoar-se um pouco, ter pelo menos um resquício de vida civilizada.

Um vento frígido soprava na serra. Havia manchas branquicentas sobre a encosta, entremeadas de uns restos de verde. Aqui e ali, uma árvore desfolhada, como esqueleto soturno que estendesse os braços delgados.

Os pensamentos estavam cada vez mais confusos na mente de Manfredo. Célia, mamãe, os amigos do bairro, uma boa cerveja num bar carioca, uma boa poltrona, o escritório comercial em que trabalhava, a carinha loira da colega Marina, tão amiga, tão afetuosa, Copacabana. O riso de Célia, o seu vulto franzino e sinuoso, os olhos brilhantes, brejeiros.

Um torpor subia pelas pernas de Manfredo. Não, meu velho, não adormeças, estamos chegando. Embaixo, viam-se a planície, o rio serpenteando, a cidade. Eis a curva na entrada de Pistoia, com uma casa quase arrasada. O jipe entrou na Piazza del Duomo, com o Palazzo Pretorio e a Catedral, o Batistério, o Campanário imponente. Depois, dobrando uma esquina, penetrou na Via Ripa del Sale, comprimida entre paredões medievais, seguidos de alguns prédios velhos e carunchosos.

Pouco adiante, ficava a casa das irmãs Bianchini. Esperava-os ali a história de sempre, a mesma depravação em ambiente pequeno-burguês, as mesmas intimidades com as moças, o mesmo vinho ruim, as eternas latinhas de carne (as escatoletas!), os mesmos cigarros e chocolates que compram tudo, que abrem todas as portas, e, por fim, a mesma tristeza, a mesma sensação de vazio, de humilhação humana.

Manfredo fizera a si mesmo a promessa de nunca mais voltar àquela casa. Parecia-lhe até menos degradante ir à pensão de mulheres e esperar na fila a sua vez de aliviar o corpo.

Não se sentia, porém, com vocação de herói e, apesar da resolução que tomara, entraria de bom grado com o capitão Aires, ao menos para esquentar os ossos junto à lareira.

Sozinho diante da barra de direção, ficou ouvindo os ruídos que vinham da sala. Gritos, risinhos, uma valsa tocada ao piano pelo sargento Hermes (aquele puxa-saco!). Um vento frio machucava-lhe o rosto, e os dedos da mão doíam-lhe cada vez mais. Era bom não permanecer parado. Desceu do carro e ficou andando pra lá pra cá pela calçada.

Escurecia. A rua tornava-se cada vez mais lúgubre e triste, com as linhas majestosas do campanário aparecendo por cima do paredão medieval. Vultos apressados esgueiravam-se junto às casas.

Depois que escureceu, a sensação de isolamento se tornou ainda pior. Manfredo, Manfredo, o que foi feito da tua mocidade? Onde estão os teus projetos, a tua paixão pela vida, os teus amores? Ficaste reduzido a um pobre frangalho humano, que treme e tem fome.

Cinco, seis, sete, oito horas. O mesmo frio, a mesma solidão.

Finalmente, abriu-se a porta, dando passagem ao capitão Alves e ao tenente-aprovisionador Florísio, muito gordo e rubicundo.

O capitão se espantou:

— Ah, é você, eu até me esqueci! Vem pra sala, devem ter sobrado alguns biscoitos.

— Não, muito obrigado, não tenho fome.

O tenente Florísio insistiu:

— Venha, menino, deixe de luxos. Tome um docinho, um só que seja.

E como o rapaz recusasse ainda, continuou repetindo, com a teimosia dos bêbados:

— Um só, unzinho, meu velho!

REFLEXÃO EM SILLA

Os dedos de João Afonso estão duros de frio, não lhe vem sequer a ideia de sentar-se e escrever, como fazia antes. Acabaram-se os diários de guerra, ninguém mais lança no papel impressões ligeiras, repletas de sonoros nomes italianos. A guerra impõe o seu selo de apatia e cansaço, mas também de seriedade, ela é avessa a qualquer intenção mais frívola.

João Afonso procura não se entregar. Não é o caso de escrever um pouco. Mas pode-se pensar. Pensar mesmo? Como é difícil! Não há mais a pretensão de uma luzinha no crânio, nada disso, a simples intenção de dar tratos à bola exige um esforço inaudito. Mas é preciso!

Sim, é preciso, eu não posso entregar-me, não sou um bicho, pelo menos por enquanto. Posso viver na imundície e no abatimento, mas não sou bicho! Identifiquei-me por completo com os companheiros, desapareceram os nossos atritos, provenientes da minha fidelidade à causa, do meu espírito caxias. Apagaram-se as diferenças. Eles já saíram de casa abatidos e desencorajados, e eu me abati muito depois. Haverá muita diferença?

Mas, em meio ao abatimento, eles têm algo que eu não posso compreender. Passam infantes sob a minha janela. São os mesmos homens que eu ouvi tantas vezes resmungar contra a guerra, os mesmos que zombaram de mim, os mesmos que, em Vada, recusaram-se a cantar o hino. E, no entanto, vão para o ataque. E, no entanto, praticam atos heroicos. Incrível tudo isto! Eu conheço as razões superiores desta luta, compreendo a necessidade dos sacrifícios, mas os mesmos soldados resmungões que um dia procurei doutrinar são meus mestres na adversidade.

Eu estava certo de que, para lutar, era preciso saber o que se fazia. Estes homens, evidentemente, não sabem. E, todavia, como se dedicam, como enfrentam esta natureza hostil, como investem contra um inimigo experimentado e ardiloso! Lá adiante, no front da infantaria, as patrulhas saem, penetram nas linhas inimigas, enfrentam mil perigos. Aqui, sob a minha janela, vejo soldados arrastando-se sobre a neve da estrada, às vezes sob o bombardeio, consertando linhas telefônicas. Nenhum deles para a fim de pensar no que está fazendo, mas são tremendamente eficazes.

A guerra tem as suas próprias leis, os homens vivem nela como num turbilhão do qual não adianta querer sair. Até a crueldade tem algo de inexorável, acaba sendo aceita como uma fatalidade. Lembro-me da ausência de qualquer animosidade contra o inimigo, e que chegou a me deixar tão indignado. Mas agora tudo mudou. A brutalidade, a estupidez da guerra nazista são por demais evidentes. O bombardeio contínuo das cidades, a população alucinada de pavor, as crianças famintas, as notícias de atrocidades contra os partigiani e seus parentes, a morte dos companheiros, tudo isso tem o seu reflexo mesmo no homem de gênio mais brando. Ouço um soldado da infantaria dizer: "O tenente não me deixou ficar com o prisioneiro. Foi uma pena. Eu queria era matá-lo devagarinho, devagarinho, para vingar o meu sargento, bom sargento, sargento valente, que eles liquidaram!".

Há também uma ferocidade transformada em rotina, enquadrada em normas burocráticas, obediente aos regulamentos escritos. As normas prescrevem que se atire todos os dias sobre o Ponto Base, obrigatoriamente um ponto fixo e bem visível. Por conseguinte, nada melhor que um campanário. E lá se vai a igreja de La Serra, transformada em montão de escombros! Constatou-se que os alemães transportam munições de guerra em ambulâncias, logo devemos atirar em todas as ambulâncias alemãs que estiverem à vista. O inimigo é feroz e implacável, portanto temos de usar contra ele balas explosivas, proibidas pela Convenção de Genebra, balas que se estilhaçam ao encontrar o primeiro obstáculo e provocam ferimentos horríveis. Ferocidade contra ferocidade! Será possível que o nazismo nos contaminou?

Não pode ser! Olho os soldados, os mesmos que eu vi em Pozzuoli, bons e compassivos com a população. Há uma dureza e impassibilidade que, pensava eu, jamais apareceriam em seus rostos. A guerra tem a sua lógica implacável. E eu queria esta guerra! Eu não tenho direito de protestar contra nada!

Olho por olho, dente por dente, as feras dominam o campo, para vencer é preciso ser lobo entre lobos. E eu, na realidade, tenho espírito de carneiro. Vamos à luta, abaixo o nazismo! Tudo isto é muito bom, é mais que certo, mas, quando se grita isto, não se pensa em que será preciso apertar o gatilho.

A brutalização que se atinge na guerra chega a extremos incríveis. Um dia, um polícia militar de serviço na ponte de Silla foi separar dois americanos bêbados que estavam brigando, e foi morto. A notícia corre rapidamente pela tropa, desperta velhos rancores, mas a maioria aceita-a com a mesma noção do inexorável, da fatalidade, com que encaram agora as circunstâncias da guerra.

Ao mesmo tempo, essa notícia causa a todos uma impressão peculiar. Mesmo os infantes, tão acostumados com a ideia da morte (acostumados mesmo? será que alguém se acostuma?), e que viram mais de um companheiro tombar nos ataques ao Monte Castelo, sentem um acabrunhamento diferente com a notícia. Este assassínio a frio, estúpido, desnecessário, traz ao espírito uma nova categoria de morte — completamente diversa da que se enfrenta nos fox-holes, sob o bombardeio em Silla, ou mesmo nos deslocamentos de jipe ou de caminhão.

A morte, ora a morte! Outro dia, fomos metralhados por engano por um avião americano. Vi cair morto, sob a minha janela, o soldado americano da máquina fumígena. Eu estava encolhido no canto, junto à janela, vendo as balas traçantes penetrarem no quarto, numa esteira de fogo. Espiei para fora com o rabo dos olhos, e lá estava o americano caindo. Que importam as circunstâncias acessórias? Se o avião fosse alemão, teria sido mais fácil? No turbilhão de absurdos, vivemos entregues ao inexorável, como nos entregamos ao monstro cinzento que nos trouxe para a guerra. O cinzento mudou-se em branco, do calor equatorial passei ao frio gélido. Mas, em suma, é o mesmo, não consigo perceber grande diferença. Às vezes encosto-me à parede e tenho a impressão de sentir o casco do navio balançando ao sabor das ondas.

ASSASSÍNIO

Estávamos de regresso à base de partida, depois do mais desastroso dos nossos ataques ao Castelo. Eu descia o morro com o meu Grupo de Combate. Pouco adiante, vinha o tenente Simplício e, atrás, espalhados pela encosta, seguiam os meus comandados. De quando em vez, um projétil de morteiro vinha chiando, e nos deitávamos ao solo, para ouvir a explosão, seguida do ruído seco dos estilhaços. Dos meus doze homens, dois foram carregados pelos padioleiros, e um terceiro estava ferido ligeiramente na mão.

Mas, de repente, ouvi cantar a lurdinha. Olhei para trás e vi o cabo Mansueto no chão. O tenente também olhou. Os nossos olhares se cruzaram, e eu senti o meu egoísmo conversar com o egoísmo expresso nos olhos do tenente. Voltar? Apanhar o companheiro ferido? Bastava uma corrida rápida, mas era o suficiente talvez para um balaço nas costas. Não! Recebemos ordens de regressar às posições primitivas e estamos cumprindo o dever. O resto não é do programa.

Continuamos a descida, o tenente na minha frente, os demais homens do GC atrás. Atingimos as nossas posições, sem maiores novidades.

Era quase noite, quando chegamos ao abrigo coletivo, cavado na terra dura do morro. Recebi ordens do tenente sobre o serviço de vigilância nos fox-holes e deixei os meus homens à vontade no abrigo.

Estiramo-nos sobre a palha, mas ninguém conseguia dormir. Ficamos conversando. Cada um lembrava o que vira nas horas terríveis do ataque. Saíamos também para conversar com os homens dos abrigos vizinhos, saber das baixas e dos últimos boatos.

A noite era fria, escura, enervante. Prestávamos atenção aos menores ruídos, pois sabíamos ser bem provável um contra-ataque inimigo. De repente, comecei a ouvir algo semelhante a gemidos vindos da terra de ninguém. Para ouvir melhor, saí do abrigo. Não havia dúvida, eram mesmo gemidos. Os homens abandonados na encosta do morro pediam socorro, imploravam um pouco de água e que não os deixássemos ali sozinhos, sem qualquer auxílio. E entre aqueles gemidos entrecortados, pareceu-me ouvir a voz outrora macia do cabo Mansueto. Um frio correu-me pela espinha. Não adiantava ocultar o meu ato de covardia: o cabo estava ali por minha culpa. Depois que tudo acabar, poderei encontrar excusas para a minha covardia, explicar a mim mesmo as razões da minha cautela. Mas ali, diante do abrigo coletivo, eu sentia algo parecido com dor física, como se uma lâmina aguçada me estivesse dilacerando o peito.

Mas, o que estou fazendo aqui fora, nesta noite fria, cheia de perigos? O jeito é entrar e ficar junto dos companheiros.

Abaixo um pouco a cabeça e volto ao abrigo. Os soldados estão todos acordados, ouvidos atentos. Agora, os gemidos já se tornaram mais nítidos e podem ser ouvidos do próprio abrigo. Há uma vozinha fina dizendo: "Valha-me Nossa Senhora das Graças! Mãe da Misericórdia!", e outra, grossa, peitoral, repetindo: "Água! Água! Água! Água!".

O tenente Simplício aparece na entrada do abrigo. Risco um fósforo e vejo a sua fisionomia pálida, esgotada. Vem explicar-nos que devemos evitar atos de desespero, que ninguém procure ir buscar sozinho os companheiros feridos. Haverá patrulhas esta noite e os homens abandonados serão trazidos de volta.

Pouco depois de meia-noite, saio para o meu quarto de ronda no fox-hole. O meu companheiro de serviço é um nortista franzino e melancólico, que me acompanha sem dizer palavra. Chegando ao nosso buraco, ficamos remexendo os pés, sem sair do lugar. Poderíamos ter trazido tijolinhos aquecidos, mas, nessa noite, ninguém se lembra de nada. O frio corta a pele, penetra pela gola do capote de lã, endurece os dedos por baixo das luvas. Mas o principal é não deixar que os pés esfriem. Vamos mexer com eles, mexer sempre, não parar um instante sequer.

Uma granada passa assobiando e vai explodir um pouco atrás, à direita. Nada de especial, bombardeio de inquietação, como de costume. Mas o pior são aqueles gemidos que vêm da encosta. "Água! Água! Água! Água!" Não, eu estava enganado. Aquela voz não é, não pode ser do cabo Mansueto, que tinha uma vozinha macia, agradável, própria para modinhas sentimentais. E aqueles sons roucos, do fundo do peito, devem ser de outro soldado.

Não adianta ficar acalmando a consciência. Sou um covarde, e está acabado.

Preciso é ficar junto dos companheiros. Ali, pelo menos, posso ter notícias da patrulha.

E como custa a passar o tempo! O meu companheiro de ronda tem uma tossezinha fraca, abafada. Para não fazer barulho, coloca a mão na frente da boca. Tolice! Eu vou gritar, eu vou berrar, não aguento mais este silêncio de morte. Que venha o inimigo! Que nos arrasem de uma vez! Tudo é preferível a esta expectativa, junto à terra de ninguém, onde estão os companheiros que gemem sem cessar.

Ouço duas explosões de morteiro na encosta do morro. Será que a nossa patrulha foi localizada pelo inimigo? Sim, deve ser isso, os alemães não iriam atirar à toa na terra de ninguém. Depois, a lurdinha canta. Uma, duas, três descargas. E o silêncio torna a reinar na nossa frente. Um silêncio lúgubre, interrompido de vez em quando pelos gemidos dos companheiros.

Quanto tempo teria passado? Procuro me concentrar mentalmente e adivinhar as horas. Impossível! Terão passado vinte minutos, quarenta, uma hora? Que importa? Ninguém virá substituir-me, e eu vou apodrecer neste buraco, junto deste soldado franzino, que parece surdo, mudo, apático.

— Você está bem, velhinho?

É o companheiro taciturno, que me fala baixo. Sinto um pouco de confiança surgindo sob a minha angústia e o meu desespero.

— Não há de ser nada, velho. Na guerra, é pior — respondo, tentando fazer espírito.

Pouco depois, somos substituídos e voltamos ao abrigo. Vou até o abrigo vizinho, onde está instalado o telefone, a fim de informar-me das últimas notícias.

A nossa patrulha foi rechaçada e voltou sem trazer os feridos. Vão esperar que clareie o dia, para mandar os padioleiros. Quem sabe? Talvez o inimigo respeite a cruz vermelha.

Volto para o abrigo e acabo adormecendo, apesar de tudo.

Acordo tarde. Os companheiros estão sentados, conversando. Sinto uma dorzinha no estômago. Deve ser fome! Abro a minha caixinha de papelão com a ração K e devoro alguns biscoitos com queijo. Os soldados me avisam que hoje não haverá comida quente, pois o bombardeio fez estragos na cozinha da companhia. Paciência.

Aguço os ouvidos, mas não consigo distinguir os ruídos da véspera. Será que já recolheram os feridos? O telefonista me diz que os padioleiros vão sair dentro em pouco.

Permanecemos em expectativa. Sinto de novo uma lâmina aguçada me dilacerar o peito. Foi você, Antônio!

As horas passam, e é preciso encher o tempo.

— Vamos fazer uma rondinha?

— Vam'bora.

Ficamos sentados na entrada do abrigo. Mas apenas metade da nossa atenção está concentrada no jogo. A outra metade ficou com os companheiros estirados na encosta do morro, que continuam gemendo, pedindo o nosso auxílio. O nosso impossível, o nosso proibido auxílio!

A espaços, alguém se levanta, diz: "Vou ver o que há", e é substituído por um companheiro. Os demais procuram concentrar-se na rondinha, mas, apesar de todo o interesse pelo jogo, as testas estão vincadas e os olhares exprimem inquietação, expectativa.

A lurdinha torna a cantar. Largamos as cartas e ficamos à escuta. Sem dúvida nenhuma, o inimigo atirou nos padioleiros. Sim, os tedescos nunca atiram à toa.

— Filhos da puta — dizem os soldados. E os que não dizem, pensam, o que é uma forma ainda pior de insulto.

Passamos o dia enervados, esperando a noite.

Não se ouve agora a voz cavernosa pedindo água. Mas a vozinha fina insiste cada vez mais: "Minha Nossa Senhora! Me acudam! Eu morro!". O que teria acontecido ao outro? Será que já morreu, ou está simplesmente extenuado, sem sentidos?

Finalmente, chega a noite. Tornam-se cada vez mais frequentes as nossas idas ao posto telefônico. Quando é que vão mandar afinal o raio da patrulha? O telefonista não sabe. No PC estão aguardando ordens.

Por volta da meia-noite, ficamos sabendo que uma patrulha foi mandada à terra de ninguém. E um par de horas mais tarde, recebemos a notícia de que os homens voltaram trazendo alguns feridos, entre os quais o cabo Mansueto, que faleceu pouco depois da chegada ao posto de socorro.

Agora, deitado de costas, a cabeça apoiada no bornal, os olhos muito abertos, continuo de ouvido atento, embora não se ouçam mais gemidos nem imprecações. Estou sozinho com a minha angústia, o meu desespero mudo. Assassino!

REI POR UMA NOITE

Foi no começo da estação fria, quando a neve já cobria as partes mais elevadas, e os dedos ficavam enregelados até sob luvas de couro forradas de lã, que entraram em ação o Segundo e Terceiro Escalões da FEB. Se o Primeiro Escalão tivera um preparo tão deficiente, o que dizer desses novatos bisonhos, sem treino, sem conhecimento do terreno, sem a necessária aclimatação?

Saídos do Brasil em fins de setembro, iam enfrentar o duro inverno dos Apeninos. A mesma multidão heterogênea, os mesmos rapazes mal adestrados, sem qualquer preparo psicológico, os mesmos resmungões que não sabiam por que eram mandados para tão longe de casa. Seria possível que tudo isso resultasse num exército?

Já no navio-transporte, eles foram se desumanizando como tantos outros milhões de criaturas. Desembarcados em Nápoles, transferiram-se logo para as LCI, as barcaças de invasão de fundo chato, e onde havia compartimentos minúsculos em que se empilhavam as lonas dos homens. A princípio, a viagem de Nápoles a Livorno pareceu até agradável, com belas paisagens do litoral italiano, com o Tirreno azul, tranquilo. Mas depois, foi o diabo. As barcaças pulavam, o fundo chato batia com força na água. Os homens jogavam-se nas lonas ou no chão, vomitavam uns sobre os outros.

— Que isso, velhinho? Vê se escolhe outro lugar.

E o rapaz pálido se encolhia, pedia desculpas, não pudera evitar. Parecia que nunca mais ia acabar aquele inferno.

Depois, o desembarque em Livorno destruída, os montões de escombros, o transporte de caminhão até Pisa, o acampamento entre as árvores, as barraquinhas minúsculas e miseráveis recebidas ainda no Brasil, as pernas sobrando fora da barraca, que nem em Gericinó, a umidade, o frio, as chuvas, o corpo molhado, a confusão das peças de equipamento recém-distribuídas, a miséria em volta, os campos minados ao redor do acampamento, as primeiras vítimas, uns poucos exercícios de tiro, e, de repente, a partida para o front, a viagem noturna de faróis apagados, o corpo cansado, a cabeça vazia, o ser humano que se abandona e dorme, apesar de tudo.

Aqueles homens tontos, extenuados, foram deixados no front penoso. E logo se empenharam na luta pela sobrevivência. O instinto procurando suprir a falta de instrução. A vontade de acertar, de não ser morto, tudo isso com muito de afobação e de angústia.

Houve caminhada de alguns quilômetros, por estradas nas montanhas, uma caminhada difícil noite adentro, com equipamento de combate, o capacete de aço pesando sobre o crânio, a mão comprimindo o fuzil ou apalpando as balas na cartucheira.

Mas a vida no front tinha a sua rotina — uma rotina feita de inatividade nos abrigos coletivos, de longos bate-papos e desafios na rondinha, de leitura e redação de cartas, de horas tiradas no fox-hole e, vez por outra, um escalonamento em patrulha. Todavia, enquanto muitos ingressavam nessa rotina cotidiana, parte da tropa enfrentou uma situação de catástrofe.

* * *

O batalhão de novatos assustados avançava a caminho das posições. Carregados com os objetos de uso pessoal imediato e com peças de armamento, iam em fila indiana, à direita da estrada, sisudos, encolhidos. Anoitecia, e aquela marcha ao escurecer, aquela solidão do homem em face do perigo, em face da morte, aquele silêncio obrigatório, sem um cigarro, sem uma palavra de conforto dos companheiros, aquele fuzil ou aquela bazuca pesando nas costas — como era sinistro e acabrunhador tudo aquilo!

Os homens passaram pela ponte de Silla e foram subindo a montanha por uma estradinha improvisada. O escuro, o silêncio, a respiração presa, a mão esquerda apertando sobre o peito a medalhinha de santo.

Ocuparam as posições sem novidade. A tropa espalhou-se para dormir, uns em abrigos coletivos escavados no morro, outros numas casas esburacadas pelo bombardeio. Uma ou outra granada caía nas proximidades, porém o corpo cansado, os olhos pregados de sono, a vontade de relaxar eram mais fortes que o medo. Alguns praças ficaram de olhos abertos, ouvindo o bombardeio, mas, por fim, também adormeceram, com um sono leve e sobressaltado, pouco reparador.

De dia, foi-se organizando a vida no front. Ora, que dúvida, era preciso acostumar-se a tudo. Os praças escalados para serviço nos fox-holes iam para os buracos e ficavam à espreita, o fuzil em posição. Os oficiais estudavam a carta da região, inspecionavam as posições, procuravam animar os soldados. Não ia ser nada, outros soldados brasileiros tinham estado ali, o setor era dos mais duros, mas a unidade que os precedera portara-se à altura da situação, e eles também o fariam.

Com o anoitecer, pensamentos sombrios teimavam em aparecer. Era preciso permanecer no escuro, a fim de não acusar a posição. "Me dá um cigarro, velhinho, eu vou fumar com cuidado, vou esconder com a mão." Ao deitar-se, o praça tinha o pensamento fixo na hora a tirar no fox-hole, durante a noite.

O inimigo enviava frequentemente patrulhas para sondar as nossas posições. Os soldados que precederam ali os novatos já estavam familiarizados com esta guerra de nervos. Deixavam que a patrulha se aproximasse e só atiravam em último caso, se os alemães chegavam a atingir o próprio local das nossas posições. Era preciso muito autodomínio, muito sangue-frio, para deixar o inimigo aproximar-se e ficar com o dedo no gatilho, sem atirar. Só mesmo quem já passou por ferro e fogo, quem está curtido pela guerra, só mesmo unidades veteranas são capazes de tais façanhas. Querer que os novatos fizessem o mesmo, era esperar um milagre, tê-lo como parte das previsões cotidianas, registrá-lo quase diariamente nos planos de operações.

Os dois praças encolhidos num fox-hole viram sombras na frente. E como estivessem de fuzil em posição, com bala na agulha e dedo no gatilho, não puderam conter a emoção. Atiraram uma, duas, três vezes. Ligaram o telefone para o comando do pelotão, e, pouco depois, chegava o tenente com os soldados. Todos em posição, atirando contra as sombras no meio das árvores.

O tenente avisou o PC da companhia, o capitão comunicou-se com o PC do batalhão. E os homens da unidade receberam ordem de ocupar posições de defesa.

A frente do batalhão tinha um formato de cunha, penetrando nas posições inimigas. Quando os homens de um dos pelotões atiravam, soldados de outro pelotão ouviam tiros vindos da frente. E como fossem todos novatos e estivessem sobressaltados, acabavam respondendo a esses tiros, que vinham da frente e pareciam provir do inimigo.

Alguns oficiais tentavam dominar o pânico dos seus homens. "Não atirem à toa, não acusem a posição!" Os soldados agachavam-se, as balas assobiavam, os very-lights iluminavam as nossas posições, e as lurdinhas não cessavam a sua cantiga enervante.

O oficial de artilharia adido ao batalhão pedia tiros e mais tiros sobre posições inimigas na frente.

— Mas pra que tanto tiro? Está acontecendo alguma coisa? — perguntava a voz no telefone.

— Não é nada, não, é pra manter o moral dos homens.

O tiroteio prosseguia. Nossas granadas estouravam na encosta do morro, cada vez mais perto das posições da nossa infantaria. Mas as sombras na frente moviam-se apesar de tudo, e pareciam em posição de ataque.

Um pelotão foi mandado à terra de ninguém. Percorreu um trecho de terreno, as sombras movendo-se na sua frente; os homens agacharam-se e atiraram. Não houve resposta, mas as sombras continuavam em seu movimento incessante.

O pelotão regressou às posições. De novo, tiros vindo do inimigo, de novo os very-lights iluminando bruscamente as nossas posições. E os oficiais insistindo: "Fiquem quietos aí, não atirem!".

E então houve alguém que perdeu a cabeça. Dizem alguns que foi um tenente mocinho, outros afirmam que foi um sargento. O fato é que alguém gritou: "Vamos embora, os homens vêm aí!". E foi o sinal para a avalanche humana. Os homens vêm aí, os homens vêm aí! Acabou-se a disciplina, acabou-se a noção do dever, era o pânico, eram os olhos esgazeados, a corrida desabalada morro abaixo. Os oficiais não tinham meio de deter aquela onda humana. Os homens vêm aí! Soldados saíam correndo, largando o armamento, o capacete de aço, a munição.

Um tenente viu sombras atrás das suas linhas e deu ordens de atirar. As sombras saíram correndo morro abaixo. O tenente procurou o capitão, o capitão comunicou-se com a companhia ao lado. Resposta: "Temos ordem de retirada imediata. A nossa artilharia vai bater as nossas próprias posições atuais. Foi o major quem pediu". O tenente vacila: "Mas por que, capitão? Por que não ficamos aqui mesmo?". Inútil: os soldados já perceberam que haviam atirado sobre companheiros, já ouviram os gritos de "os homens vêm aí!". E o tenente não tem mais nada a fazer senão acompanhar os seus homens em debandada.

Soldados e oficiais abandonaram o morro, deixando a frente desguarnecida. Apenas dois tenentes teimosos agarraram-se ao terreno com seus pelotões, desobedecendo à ordem de retirada. Mas o comandante do batalhão em fuga reiterou a ordem, e os dois teimosos tiveram de seguir o caminho da derrocada.

Foi sem nenhum sobressalto aparente que o coronel, comandante do grupo de artilharia, acordou e ouviu que estavam interrompidas todas as comunicações com a infantaria, e que, a julgar pela última notícia recebida, o alemão estava investindo contra as suas linhas. Continuou de rosto impassível, brônzeo, não se modificou sequer o timbre metálico e desagradável da sua voz, quando ele perguntou:

— Já tomaram alguma providência?

E como o capitão Bastos se mostrasse atordoado, sem saber a que providências o coronel se referia, este insistiu:

— Depressa! As posições de defesa aproximada!

— Mas como! Se o front da infantaria foi rompido, se o inimigo avança pela estrada, nós é que vamos detê-lo com os nossos pobres recursos?

— Justamente! Quero já as posições de defesa!

Homens movimentaram-se no escuro. Estremunhados, sonolentos, foram instalando bazucas, metralhadoras. Outros colocaram-se atrás de umas árvores, os fuzis em posição.

Tentava-se comunicação com a infantaria pelo rádio, mas não havia resposta.

O coronel telefonou para o Quartel-General e, na qualidade de oficial mais graduado em Silla, assumiu a defesa do povoado. Comunicou-se, por meio de estafeta, com um destacamento de obuses, alojado numa casa do outro lado do rio, e ordenou que as bocas de fogo fossem colocadas em posição de varrer a estrada. Dois tanques americanos apareceram também, perto do casarão do PC, os canhões apontados para a mesma estrada.

A noite é fria e escura. Na Central de Tiro, os calculadores espiam desolados as suas pranchetas e réguas de cálculo, imprestáveis nessa circunstância. João Afonso, que acordou assustado, com o vulto enorme do sargento Anésio dobrado sobre ele, a fim de alertá-lo, desceu para a CT de capacete de aço e carabina na mão. Birundinha encolhe-se ainda mais que de costume sob os seus fartos agasalhos.

O tempo vai passando. De quando em vez, uma piada. Ora, quem diria, uma incerteza assim.

Telefonema do Quartel-General Avançado.

— Nada de novo?

— Nada.

Que diabo teria acontecido com a infantaria?

Vozes embaixo da janela. Movimento na escada. A sentinela avisa na sala do PC:

— São soldados da infantaria. Dizem que o tedesco vem aí.

Oficiais que descem e vão falar com os fugitivos. Rebuliço na escada. Zunzum.

O major e os três capitães de infantaria chegam e vão conversar com o coronel.

— A situação era insustentável. O que podíamos fazer com os homens em debandada?

Mas o coronel mantém-se imperturbável. Não responde nada, não move sequer uma sobrancelha. Depois, vira-se e abandona a sala.

— Capitão Sampaio, comunique-lhes que estão presos por minha ordem, por abandono de posição. Que se recolham ao quarto da frente.

Amanhece. A luz filtra-se a custo através da neblina. E há um espetáculo triste sob as janelas do casarão.

Os homens vêm em grupos. Pálidos, cambaleando, parecem bêbados. Um ou outro ainda conserva o armamento e a munição. Há quem traga até dois fuzis, um cabo vem carregando o seu fuzil-metralhadora. Percebem-se uns restos de disciplina nos magotes. Um sargento trouxe o seu Grupo de Combate, os doze homens armados, cada um com granadas de mão no cinto. Mas, fora essas poucas exceções, os praças estão entregues à confusão e à desordem.

O coronel e os oficiais do PC tentam restabelecer o moral.

— Voltem para a frente, é lá o lugar de vocês, não desonrem a farda!

Os homens olham a farda enxovalhada pelo lamaçal e parecem não compreender como é possível desmoralizar um uniforme de pano.

Imperturbável, o coronel na janela, perguntando a um mulatinho assustado que desce o morro:

— Onde é que você vai com esta pressa?

O mulatinho aponta na direção da retaguarda:

— Estou avançando praí.

E o coronel, sempre impassível, indicando o caminho do morro:

— Por que você não recua melhor para lá?

A impassibilidade, os gestos ríspidos do coronel, a sua voz metálica, tudo o que contribuíra durante tanto tempo para frisar as divisões, os antagonismos, as antipatias surgidas no convívio da caserna, parece admiravelmente adaptado à situação. E aquele homem, que dava a impressão de estar deslocado no comando de uma unidade em tempo de paz, ou no cumprimento de tarefas que tinham muito de burocrático e metódico mesmo em plena campanha, revela finalmente a sua verdadeira vocação. Dessem-lhe o comando de um regimento de infantaria, e ele haveria de guiá-lo sem o menor deslize morro acima. Fizessem-no passar pelas situações mais inesperadas, e ele responderia a tudo com aquela vozinha metálica, e não se veria no seu rosto o menor vestígio de emoção. A própria mania das piadas ácidas e geralmente de mau gosto encontra a sua justificação plena numa situação de catástrofe, contribui para animar o moral dos seus homens. Sem dúvida alguma, se o alemão descesse mesmo o morro, ele conseguiria organizar a defesa e fazer os soldados combaterem até a chegada de reforços.

Um rapaz aparece correndo de calção azul, o calçãozinho clássico de educação física. Tirara a sua hora no fox-hole e estava apenas de calção, secando a roupa junto à lareira, numa das casas esburacadas do setor, quando começou a correria. E ei-lo agora quase roxo de frio, depois daquela corrida de mais de quatro quilômetros. Levam-no ao PC. Alguns praças da CT fazem para ele um café quente e enrolam-no em mantas. Continua roxo, batendo os dentes e mordendo os lábios. Mais tarde, será levado para o hospital.

O coronel e os oficiais do PC continuam doutrinando os fugitivos. Mas não adianta: os homens caminham na direção da retaguarda, alguns escondem-se entre o mato rasteiro, na margem do rio.

Começa o bombardeio habitual da ponte de Silla. Os homens que descem o morro têm os olhos alucinados. Alguns se jogam no chão, para se proteger dos estilhaços, outros correm para o rio, parecem querer atirar-se na água gelada.

Pouco depois, surge na estrada o batalhão que fora substituído pelos novatos. Os soldados avançam em fila indiana, arma na mão, prontos para o combate. Tiveram de interromper o repouso em Porretta Terme, mas estão firmes, decididos, brincalhões.

Passa uma carroça italiana carregada de tralha: colchões, algumas roupas miseráveis, uma mesa, duas cadeiras. O homem vai conduzindo o cavalo, a mulher caminha ao lado, ambos velhos e enrugados, ambos olhando sem compreender aquele movimento na estrada. Viram a tropa fugir desorganizada e trataram de escapar do tedesco, que porta via tutto. Mas, de repente, compreendem: aquela outra tropa está vindo da retaguarda, a frente vai ser restabelecida, não há motivo para se lançarem na peregrinação pelas estradas. A carroça dá meia-volta e torna a subir o morro, o casal de velhos acompanhando a passo a marcha do cavalinho desnutrido.

O batalhão veterano encaminha-se para as posições. Encontra intacto o armamento deixado pelos fugitivos. Nem sinal do inimigo. Os homens passam rastejando nos trechos mais visados. Mas aquele dia parece até mais calmo que os demais.

Um amanhecer cinzento e triste cobre as montanhas, os casarões de pedra, a ponte malfadada de Silla.

A CADEIRA DA ITALIANA

João Afonso desce, com os companheiros, do caminhão. De novo, um edifício cinzento, uma escada que range, o marulhar do rio (aqui, ele passa nos fundos do casarão), e granadas estourando em volta, os estilhaços fustigando as paredes.

A CT instala-se ao lado do PC de uma das baterias de tiro. Procuram-se cadeiras pela casa toda. No andar térreo, estão os italianos, donos da casa. O calculador Omar diz: "Con permezzo", e vai carregando uma cadeira da sala. A italiana quarentona fica triste, pensa que levaram a cadeira para acender o fogo. "Il piccolo sergente è molto cattivo." Mas o sargento "cattivo" torna a descer, vai consolar a mulher, dizer-lhe que levou a cadeira por empréstimo e que há de trazê-la de volta, antes de partirem dali.

Os calculadores vão dormir no sótão, que é baixo e acanhado. Entram nele de gatinhas. Passam as mantas sobre a cabeça. Mal começam a adormecer, sentem uma correria estranha sobre o corpo. Será o cachorro da italiana, um cachorrinho de pelo ruivo e encaracolado? "Sai, cachorro!", grita João Afonso, mas, espiando para fora das mantas, percebe que são ratazanas enormes, em correria desabalada sobre os corpos estendidos.

Naturalmente, não é motivo para se ficar acordado. Mas, quando começam novamente a fechar os olhos, ouvem sons estranhos vindos do quarto ao lado. Grunhidos, gritos de susto, batidas numa porta. É o velho pai da italiana, completamente louco, que está preso naquele quarto. E, recomeçado o bombardeio (o vale é mais estreito naquele ponto, e os estouros ressoam com mais fragor que em Silla), os gritos do velho redobram de intensidade. Apesar de tudo, os calculadores adormecem, menos o grandalhão Ariosto, que sai correndo de ceroula, para se abrigar na parte mais baixa da casa.

Os calculadores estão sentados na escada, tomando mingau de aveia. O cachorrinho ruivo corre de um para outro e acaba ganhando uns pedacinhos de pão com manteiga. Fica abanando o rabo, feliz como nunca.

Augusto Pisca-Pisca, motorista de Borboleta, enche de mingau a marmita do capitão (capitão Medeiros, que substituiu no comando da CT o capitão Aires, quando este foi transferido para a função de Observador Avançado. O capitão Medeiros é um moreno baixote, encolhido, os olhos sempre esbugalhados. Trêmulo, saltitante, entremeia um "né" a quase tudo o que diz e, ao mesmo tempo, agita as mãos, parecendo querer voar. Com o seu vulto pequeno, o quepe de abas de lã descidas sobre as orelhas, e as mãos trêmulas que nem asas, estava realmente pedindo o apelido de Borboleta). Dessa vez, a distribuição foi mais farta, pôde-se encher a marmita até os bordos.

A marmita de Borboleta fica no chão. Augusto conta aos calculadores as notícias que recebeu de casa: o último Fla--Flu, o calorão que está no Rio, etc. O cachorrinho chega até a marmita e vai lambendo o mingau. "Sai, danado!", grita Augusto, mas a marmita já está pela metade. O cachorrinho continua circulando na escada, abanando o rabo, lambendo o focinho. É talvez o dia mais feliz da sua vida.

Aparece Borboleta.

— Vocês precisam tomar cuidado, né, se não o cachorro acaba comendo o nosso mingau, e ele não está arranchado pela bateria, né.

Apanha a marmita que Augusto lhe oferece e vai comer mingau no quarto, sentado numa cadeira, sozinho e triste, isolado, neurótico.

No terceiro dia, nova ordem de mudar de posição. Sem dúvida, esta guerra está ficando um pouquinho mais divertida. Borboleta ordena:

— Leve duas cadeiras.

Omar fica tristonho. A italiana aparece na janela e vai resmungando:

— Sergente piccolo, sergente cattivo...

PÉS FRIOS, CORAÇÃO QUENTE

Pieve di Cascio: ruazinha de ladeira com sobradões de pedra e, no meio da ladeira gelada, escorregadia, uma igrejinha cercada de pinheiros. Ao pé da colina, vê-se um aglomerado maior de casas, com uma torre no centro. A CT instala-se novamente na mesma casa com o PC do Grupo. Movimento na escada, caixotes que sobem, exclamações. A sala da CT é bastante ampla, com vista para as montanhas.

Os demais cômodos da casa já estão ocupados. E os calculadores vão instalar-se no porão úmido. Alguns ficam percorrendo o casarão, à procura de um cantinho melhor.

João Afonso, Omar e dois calculadores de uma companhia de obuses, que ficaram agregados provisoriamente à CT, acabam instalando-se no sótão. Sobe-se para lá por uma escada em que se caminha curvado e, no sótão, é preciso deitar-se, entra-se nele de gatinhas. Em todo caso, constitui um achado precioso: o chão é de tábuas, e há uma sensação de quentura, de conforto.

Os novos habitantes do casarão dividem-se em duas corriolas: o grupo de Ângela e o grupo de Nerina. O primeiro tem seu ponto de reunião numa saleta do segundo andar, pegada à sala do PC; o segundo, num quartinho térreo da casa vizinha, para a qual há uma passagem pelo porão.

Ângela é uma moreninha miúda, balzaquiana, bem-conservada, de saia muito curta e blusa muito aberta sobre o peito. Nerina é camponesa gorda, moça, bonachona. Ângela tem um marido que vive pelos cantos, cobrindo a boca para tossir, magro, pálido, evidentemente tuberculoso. Nerina é solteira. Ângela orgulha-se das suas pernas bem delineadas, tem um andar de melindrosa e sente-se bem, quando os olhos basbaques dos praças a devoram. Nerina tem o andar honesto de mulher que trabalha e quase não tem tempo de pensar bobagens. Ângela está sempre pronta a desmanchar-se em amabilidades, perante os diversos graus de hierarquia militar. "Sí, sí, signore maresciallo." "O sí, signore brigadiere." O mulato derrete-se então num sorriso e apalpa com imponência as divisas no braço (pobres divisas de terceiro-sargento, promovido a maresciallo, míseras estrias de cabo, que passa a brigadiere). "Grazie, grazie, signora, lei piace sigarette? Questa sigaretta é buona." Nerina, porém, é simples e afetuosa com todos, lembra a irmã que se deixou em casa. Beija os praças na face, distribui abraços. Alguns até a evitam, nas noites compridas em que a solidão sexual pesa demais, quando o rapaz se sente meio gente, meio fera.

A corriola de Nerina é simples, familiar, sem maiores complicações. Com Ângela, é diferente: ela distribui as atenções entre oficiais e praças, mas, devido às limitações hierárquicas, o grupo a ela agregado divide-se praticamente em duas corriolas diferentes. Há um acordo tácito, e geralmente parte do serão é dedicada aos oficiais e parte aos praças. Naturalmente, resmunga-se às vezes, alguns praças acabam preferindo a lareira plebeia de Nerina, mas, de modo geral, não há grandes choques. Apenas, de uma feita, o coronel passou uma descompostura no telefonista Bernardo e castigou-o com um desconto no ordenado, por havê-lo encontrado, em pleno dia, sentado na cozinha de Ângela (ora, sim senhor, queria que ele me dissesse qual é o horário de ficar aqui na cozinha. Será que também isso está previsto no Regulamento Disciplinar?).

Aquela permanência em Pieve di Cascio era um intervalo de quase paz, uma ausência quase completa de guerra. Viam-se às vezes granadas explodindo ao longe, mas era lá embaixo, no vale próximo a Porretta Terme.

A vida passava a ter algo predeterminado e burocrático, o cálculo de tiro parecia não ter nada em comum com a luta de vida e morte no front da infantaria. Vinham pelo telefone notícias de patrulha e golpes de mão, de mortes e ferimentos. Havia ansiedade, quando se apoiava a progressão de uma patrulha, mas, apesar de tudo, era algo distante, algo de que se sabia unicamente pelo telefone.

Chegando do front, o capitão Elísio, Observador Avançado, costumava comentar:

— Vocês têm aqui um conforto absurdo, vocês não sabem o que é guerra. Os homens estão lá em seus fox-holes, na lama e na neve, parecem bichos, e vocês aí a ouvir rádio, a ler cartas de casa.

— Fala, Saco B! — mexiam com os da CT os praças da turma do Observador Avançado, e sentia-se de fato como ofensiva aquela alusão ao saco deixado na retaguarda, com roupas e objetos que não eram de uso imediato.

Alguns cantavam, com a música de "Você não sabe o quanto é bom viver numa casinha branca de sapê":

Você não sabe o quanto é bom viver
Na retaguarda com o Saco B,
Uma ragazza a nos fazer carinho,
Conilho assado e um fiasco de vinho.

Fechados no casarão, os da CT sentem algo estranho naqueles rapazes que chegam do front, o próprio linguajar que eles usam adquire características novas, para quem não enfrentou as mesmas vicissitudes.

Um infante parado em frente do sobrado conversa com um motorista do Grupo.

— Eu estava no meu buco, à espreita do tedesco. Uma paúra dos diabos. Mas, sabe, a gente se controla. Aí vi umas sombras na frente. Pensei comigo: tá fermo, ragazzo, tá fermo. E fiquei quieto. As sombras foram chegando, e eu quieto. Aí vi os homens bem pertinho, e descarreguei a minha Joana: taque-taque-taque-taque-taque. Foi só pena que avoou!

— Deixa de marra, velhinho.

Em breve, o ambiente se tornou um pouquinho mais belicoso: instalara-se na vizinhança uma bateria americana de 155. Quando atirava, o casarão estremecia nos alicerces e caía caliça sobre a cabeça dos calculadores. Tinha-se a impressão de que o teto adelgaçava-se cada vez mais. Na sala da CT, ouvia-se lá em cima o batucar dos sapatos de Ângela e a tosse abafada do marido. Parecia que, a qualquer momento, eles também iam se despencar sobre a cabeça dos calculadores. Todavia, nenhum acontecimento dessa ordem perturbou o suceder monótono dos dias e das noites.

Positivamente, Ângela era uma tentação demasiada para aqueles rapazes segregados de outro convívio feminino. Tentação permanente, perseguidora. Podia-se evitá-la com os olhos, não fazer parte da sua corriola; porém, mais dia, menos dia, encontrava-se a mulherzinha na escada, ou via-se, mesmo sem querer, o seu corpo esbelto aninhado numa cadeira, as pernas à mostra, o busto empinado.

O marido continuava tossindo pelos cantos, pálido e apagado, mas, enquanto isso, Ângela abraçava-se com os praças, beijava um, afagava outro. Não era a ternura boa e fraternal de Nerina, equitativamente distribuída. Ângela tinha os seus prediletos, com alguns ficava conversando até altas horas da noite e permitia certos carinhos mais ousados.

Um dos calculadores da companhia de obuses, rapaz moreno e bonitão, procurava acompanhá-la sempre que estava livre. Abraçava-a e beijava-a à vista de todos, como se dissesse: "Esta mulher é minha, e ninguém tem nada com isto".

Mas, para a maioria dos praças, aquela tentação cotidiana tornava o ambiente mais melancólico e deprimente.

Agradáveis aqueles serões junto à lareira de Nerina. Os pais também ficavam ali, pelo menos até certa hora. Conversava-se, cantava-se, esquecia-se a guerra.

Era um ambiente de camponeses abastados, que não foram atingidos pela miséria e que certamente tiravam as suas vantagens no câmbio negro. Grandes salames e linguiças pendiam ali do teto. Os praças ficavam a namorá-los, mas não adiantava querer comprar: eram para passar o inverno, o sustento da família, diziam os donos da casa, embora eles dessem para alimentar um batalhão.

Via-se o estoque diminuir de quando em quando e, no dia seguinte, era infalível ouvir-se o ganir desesperado de um porco, pendurado pelas patas traseiras e sangrado vivo. E após esta operação prolongada e sinistra, o estoque se renovava.

Todas as manhãs, Nerina caminhava sobre a neve, tocando duas vacas bem nutridas, que iam dar o seu passeio matinal. Alojavam-se num cômodo da casa, provido de varandão, sobre o qual se alinhavam feixes enormes de feno. Em cima do feno dormia o cabo França, feliz com aquele cantinho, muito superior ao porão úmido em que se alojaram quase todos os calculadores.

Não obstante a folgada situação financeira da família, Nerina estava sempre pedindo coisas. Qualquer objeto servia: camisetas, meias, cigarros. Pedir deixara de ser um ato de que as pessoas deviam envergonhar-se. Não se pode dizer que a amizade dela pelos praças fosse interesseira. Aqueles beijos na face e aqueles abraços eram dados com toda a sinceridade e afeição. Mas, ao mesmo tempo, aproveitava a oportunidade para fazer o seu pedidozinho, conseguir a sua pequena vantagem, com um espírito calculista e avaro de campônia abastada.

São sete e meia da noite. A sala da CT fica iluminada com uma lâmpada ligada a motor de jipe. João Afonso está curvado sobre a carta topográfica. Alípio permanece de pé, diante da sua prancheta de Controlador Horizontal. Os três calculadores das baterias, que arranjaram cadeiras para sentar, manejam réguas de cálculo. Borboleta vai dando os seus passinhos pelo quarto. O telefonista Armando fica de pé, junto ao telefone.

O cálculo que se faz agora é para os tiros de inquietação, a "dieta noturna". Mas como o telefone de comunicação com o Observador Avançado não está em uso, ligaram-no a uma viatura-rádio, para ouvir música. O fone está dentro de um capacete de aço, a fim de ampliar o som. Um swing sacudido espalha-se pela sala e machuca os ouvidos de Borboleta. Armando ensaia uns passinhos junto do telefone. "Macaco dançando", pensa raivoso Borboleta, olhando o vulto desengonçado do telefonista. Mas não diz nada, para não criar novos casos com aqueles rapazes. Sente da parte deles uma hostilidade surda, um afastamento completo. Nunca lhe dirigem a palavra, respondem-lhe sempre com monossílabos, e isto deixa-o ainda mais inquieto e irritado. É verdade que outro dia perdeu as estribeiras e gritou para o Raimundo, calculador da Terceira: "Por que se demorou tanto aí fora? Eu não lhe disse que devia voltar logo, né. Vocês me devem respeito, né. Eu tenho três estrelas e você três divisas no braço, né". Foi bobagem dele, não há dúvida. Mas o que pensam aqueles praças? A gente não é de ferro, e um dia rebenta, com aqueles assobios que se ouvem desde ontem por cima da casa, igualzinho a Silla, né.

Raimundo, o calculador moreno da Terceira, acabou de transmitir elementos para a bateria e conversa pelo telefone com o cabo que anotou os números.

— Sabe? Recebi carta da Verônica. Diz que já está se preparando para o Carnaval, mandou fazer fantasia de odalisca. Estou com um ciúme danado, pensando na fantasia.

Resende é o calculador da Segunda. Um rapaz pálido e triste. Depois de transmitir os elementos, tira do bornal, jogado ao pé da cadeira, um pacote. Desembrulha-o. São cartões com retratos de crianças e outras sentimentalices. Uma velha simpática, sentada na cozinha, junto ao fogão. Dois meninos na rua, de noite, os vultos escuros refletindo-se no calçamento iluminado. Um bimbo chorando diante de um prato de mingau, e a legenda: "Non voglio ancora!!!". Mais crianças. De touca, de chapéu, de cabelos desgrenhados. Olhos azuis, negros, cinzentos. A bondade do mundo, a doçura da vida. Resende olha demoradamente os cartões. Esses italianos têm cada uma! Depois, torna a embrulhá-los e guarda-os no bornal.

Rafael, o calculador da Primeira, ainda não acabou os seus cálculos. De vez em quando, risca o que escreveu e torna a calcular tudo. Borboleta saltita ao seu lado: "Ainda não acabou? Muito cuidado, né, se não o tiro vai é em cima da nossa infantaria, né". O rapaz agita-se mais ainda e diz: "Resende, quer fazer por mim estes cálculos? Eu não estou bom hoje". Chega até a janela. A noite escura, sombras de árvores, assobios por cima da casa. Meu Deus, quando é que tudo isto vai acabar? O rapaz alto e forte corre para fora do quarto, encosta-se à parede no escuro e chora desesperado.

Todos se retiram, uns para a saleta de Ângela, outros para junto da lareira de Nerina. Vem o rondante da hora, o telefonista Bernardo. Traz uma caneca de café frio e um pedaço de pão com manteiga, economizados do jantar. Senta-se junto do telefone da Primeira Bateria e faz calmamente a sua refeição.

Os rapazes recolheram-se ao sótão acanhado. Estenderam-se lado a lado e conversam no escuro.

— Pois é — conta Omar —, recebi uma carta do meu tio, dizendo que viu minha noiva namorando na praça. Não é à toa que há tanto tempo não recebo dela uma carta. Podia, pelo menos, ser sincera comigo e mandar-me uma carta explicando tudo. Mas é melhor assim. É duro, mas não faz mal. Esta guerra é uma lição, uma prova que se tira.

Renato, o calculador moreno e bonitão da companhia de obuses, está inquieto.

— Escutem aqui, esta luz que a gente vê passar pela fresta é do quarto de Ângela. Eu vou espiar.

João Afonso protesta, acha aquilo uma indignidade, mas os seus protestos parecem fracos e ridículos.

Renato se arrasta, passa por cima de João Afonso e cola os olhos à fresta.

Lá estão o quarto nu, a cama do casal, a cômoda rústica e antiga. O marido permanece deitado, de costas para Ângela. A mulher tira o vestido e deita-se de combinação. O homem continua de costas, afastado e solitário. De quando em quando, tosse baixinho, cobrindo a boca com a mão.

Renato afasta-se da fresta.

— Bobagem, não se vê nada — resmunga e vai dormir, intranquilo, quase doente.

Os oficiais resolveram fazer cozinha à parte. Em vez de receber boia no rancho, entregam as provisões a Ângela, que lhes prepara as refeições.

Essa cozinha independente parece uma revivescência das separações e injustiças do exército que se conheceu no Brasil e provoca nos praças um sentimento de revolta, de mal-estar.

Mas o soldado encontra sempre um meio de exercer a sua vingança. Atualmente, por ordem do coronel, são dois os rondantes que ficam na CT. Geralmente, enquanto um deles permanece junto à mesa, cabeceando de sono ou escrevendo para casa, o outro sai rastejando pela escada, no escuro, em direção da cozinha de Ângela. Em resultado de tais patrulhas, sempre se arranja uma lata de doce, alguma conserva um pouco diferente. E essa refeição a dois, de madrugada, não deixa de ter certo encanto.

Pirulito chegou ao sobradão quando os quartos já estavam ocupados. Foi falar com a família de Nerina. Embora não houvesse lugar, ele precisava ficar perto do PC. Os velhos ficaram resmungando. Mas Nerina acomodou tudo, e agora Pirulito dorme numa grande cama de casal, ao lado do irmão de Nerina, enquanto a moça deita-se na beirada oposta. Tudo simples, em família, sem qualquer malícia. Mas Pirulito sente-se encabulado diante de tanta simplicidade.

O irmão de Nerina é um rapazinho de dezesseis anos e tem os seus repentes de macho. Gosta então de se olhar no espelhinho de bolso, de alisar o cabelo comprido. Às vezes, de noite, ajeita o terninho puído, escova um chapéu velho que já pertenceu ao pai e vai dar uma volta. Está ficando farrista: deu para jogar rondinha com os soldados e, às vezes, volta cheirando a grappa. Enfim, acontece demorar bastante fora de casa. Nessas ocasiões, Nerina fica junto à lareira ou então conversa até tarde com Pirulito. Senta-se sobre o Saco A, largado perto da cama, e vai conversando. Pergunta-lhe pela família, pelas namoradas que já teve, pede para ver retratinhos. Depois, quando chega o irmão, deitam-se os três na cama larga, sem se despir, e cobrem-se com um edredão vermelho.

Pirulito está entregue a sentimentos contraditórios: quer que o irmão de Nerina acabe passando uma noite fora de casa, mas, ao mesmo tempo, deseja que continue aquela intimidade boa, caseira, quase sem maldade.

Depois que tudo se aquieta no casarão, o sargenteante Anésio dá um jeito no corpanzil, arruma o quepe, passa um pentinho no cabelo e esgueira-se sorrateiro pela escada. Tem vergonha da sentinela, que pode tolher-lhe a passagem e, sobretudo, fazê-lo sofrer um vexame. Por isso, ao sair do casarão, procura coser-se à parede.

Finalmente, passado o perigo, toma o caminho de Silla.

A estrada gelada, ao luar, tem algo de fantástico; ela atrai o olhar com os seus perigos, bela e diabólica, em meio aos pinheiros e às bétulas nuas.

Anésio avança para Silla. Na ponte, arrepia-se todo, com medo de algum estilhaço. Às vezes, ouve granadas caindo perto, mas, depois dos primeiros sustos ali na estrada, acostumou-se e sabe que não há grande perigo. É um tiro impreciso, sem observação, calculado sobre coordenadas da carta.

Chegando em Silla, embarafusta por uma escada e bate numa porta, sendo recebido por Giovanna, viúva quarentona, morena, cheia de corpo, de olhar afável e tendo um começo de cabelos grisalhos junto às têmporas.

O romance começou quando o comando do Grupo ainda estava em Silla. Toda a Bateria-Comando comentou então a novidade. Na hora do almoço ou do jantar, ele entrava na fila, esperava a sua vez, e, depois de servido, caminhava sobre a neve para uma árvore à beira da estrada, onde Giovanna o aguardava. Ela despejava em duas latas o conteúdo da marmita de Anésio e continuava de pé junto à árvore. Anésio tornava a entrar na fila para o engajamento, a distribuição das sobras. Tomava a refeição às carreiras e, depois, verificava se sobrara ainda alguma coisa, após o engajamento. Neste caso, fazia um sinal para Giovanna, que vinha e enchia mais as duas latas.

Pobre Giovanna. "Mia povera Giovanna", como dizia Anésio nos momentos de efusão.

— Corre, vá. I ragazzi stano esperando.

Ela saía correndo, segurando as latas. Entrava num dos casarões e subia para o segundo andar. No quartinho abafado, havia três crianças sentadas no chão. Três crianças pálidas, magras, doentias. Anna, Gioia, Riccardo. Anna de doze anos, Gioia de dez, Riccardo de sete. Crianças sem alegria, sem infância, sem brinquedos. Anna parece ter oito anos, Riccardo no máximo quatro. "Não foi para isto que as pus no mundo, Anésio, mio povero Anésio", disse ela certa vez. Tem um jeito bom de passar a mão em seus cabelos. Uma voz cantante, doce. Principalmente quando diz: "Buona sera". Haverá música mais sublime que esse "buona sera" lento, cantado, carinhoso?

Anésio gosta de ouvi-la falar. E ela conta toda a sua vida no piccolo paese próximo a Vergato, transformado atualmente em terra de ninguém. A infância, a mocidade, o casamento, os filhos, a morte do marido. Toda uma vida simples e igual de camponesa remediada. Depois, a guerra, a fuga pelas estradas, o refúgio em Silla. Ali, pelo menos, tinham aquele cantinho, e não valia a pena aventurarem-se mais longe pelas estradas. Vivia-se apesar de tudo, arranjava-se comida com mi buon Anésio, podia-se esperar ali o fim da guerra.

As crianças gostavam muito dele. Sentavam-se no seu colo, metiam-lhe a mão no bolso, para ver se trouxera caramelli. Anna de olhos profundos e sérios, rodeados de círculos roxos, Gioia de cabelos de ouro, Riccardo de corpo franzino. Eram os seus bambini, a sua família.

Não adiantava fingir que era simples aventura, coisa de homem, de soldado. Realmente, aproximara-se da viúva pensando principalmente no seu corpo cheio, maduro, de pernas grossas e seios robustos. Mas, depois, foi aquela amizade boa, aquele convívio afetuoso, aquele carinho feminino em sua vida rude e insípida. Lembra-se das primeiras conversas no quartinho estreito. Ele ficou sentado na cadeira, a única existente ali, a viúva ajeitou-se no chão, ao lado das crianças deitadas sob o edredão da família, e que se apertavam uma contra a outra, para esquentar um pouco os corpos mal nutridos. E ele ouvia Giovanna falar. Espiava o edredão com o rabo dos olhos. Lembrava-se de um soldado que lhe falara sobre uma conquista que fizera, num quarto repleto de refugiados (sfolati), onde se deitara com a mulher sob o edredão comum, ao lado de outras mulheres, de velhos e crianças. Não, impossível, era o cúmulo da degradação! Ali estava aquela mulher, falando da sua vida. Era tão bom ouvi-la! Escurecia, as granadas caíam próximo à ponte, e a mulher não se cansava de falar. Anésio saiu do quarto às escuras, ela o conduziu até a escada. No dia seguinte, beijou-o na face. Carinho, intimidade, ternura — nada mais, parecia. Uma semana depois, tentou agarrá-la na escada (a gente é homem, afinal de contas). Ela desvencilhou-se.

— Non, Anésio... i soldati... — disse, apontando a escada, por onde costumavam transitar praças alojados no sótão. Mas, por despedida, ofereceu-lhe às carreiras os lábios carnudos.

Na estrada de Silla, a sinistra 64, pensava naqueles lábios, no corpo ainda bom de Giovanna. Mas, sobretudo, naquele calor que se introduzira em sua vida, e que o impelia estrada afora, os bolsos do capote repletos de escatoletas, na direção do vilarejo bombardeado, fazendo esquecer o medo da morte e o temor ao coronel, a uma repreensão na Folha de Alterações, às zombarias inevitáveis dos praças.

Houve dias brumosos, depois muita nevasca e um vento cortante, cruel. A neve acumulava-se sobre os telhados e vergava os ramos dos pinheiros. O termômetro chegou a dezoito abaixo de zero. Contudo, o frio parecia mais suportável que naquele outono úmido em Silla, o corpo já se acostumara mais.

Os praças gostavam da neve. Era bom sentir os estalidos secos sob os pés, ver tudo branco, diferente.

Mas, passadas as tempestades de neve, o tempo se estabilizou. O sol brilhava com intensidade, a vista doía quando se olhava muito para a alvura dos campos.

O povoado foi se animando, os praças menos enfurnados nos sobradões. De noite, as corriolas chegavam a misturar-se. Visitavam-se as diversas casas pelas quais se espalhara o Grupo. Todas iguais, cada uma com a sua corriola em torno de alguma camponesa simpática. As mulheres eram quase todas de pernas grossas, corpo obeso e feições rudes, uns tipos de rústicas afeitas aos trabalhos do campo.

Os praças resmungavam, lembravam com saudade o jeito bom de uma carioca. Mas, que remédio? Quem podia, tratava de arranjar logo uma fidançata. Os caramelli e sigarette estavam em plena função, e alguns praças passavam à condição de sposato.

Logo acima da igreja, havia uma casa em que os soldados pregaram uma tabuleta: "Fuzuê dos 3 Tratores". Os "tratores" eram umas moças enormes, muito expansivas e camaradas. Na mesma casa, moravam também duas primas um pouco menos obesas: os "jipes". De vez em vez, os praças de uma das baterias de tiro promoviam ali um baile. Arranjavam um sonatore, um garoto de quinze anos que vinha tocar sanfona, em troca de alguns cigarros. O quarto em que se dançava era enfeitado com rolos de papel higiênico e camisinhas, enchidas de ar e transformadas em balões pequenos e inofensivos. Mas, depois de uns dois baileCOS, as festas foram suspensas por falta de frequência: as moças do povoado assustaram-se com a ousadia de alguns praças e com uma briga feia, provocada por ciúme. "Turma de xavantes", comentava-se.

197

Pouca gente lembrava-se de ir a Porretta Terme. Os praças perdiam quase por completo o hábito do banho, e apenas de vez em quando cada um esquentava um camburão de água, para se lavar sumariamente.

Aonde ir? Procurar o quê? Acabava-se levando mesmo uma vida sedentária. O trabalho, as cartas, as conversas.

E o tempo passando. O sol foi esquentando, a neve já se derretia aos poucos. Levavam-se tombos na ladeira. Derretida a neve, vinha novamente o frio e formava-se gelo. Num ou noutro ponto, foram aparecendo manchas de terra, no meio da paisagem branca. Tudo prenunciava mudança de estação. E com ela, certamente, a grande ofensiva contra o tedesco.

De novo o caminhão carregado. Arrivederci, arrivederci! Desta vez, deve ser algo diferente. O caminhão dirige-se para a estrada principal, a 64. Há um movimento desusado. Colocam-se canhões em posição entre o arvoredo, há tanques trafegando na estrada, muitos caminhões e jipes. Será desta vez? Os canhões são apontados na direção do maciço montanhoso Castelo-Belvedere-Monte della Torraccia, e é naquela direção que se dirigem as tropas. Caminhões americanos, caminhões brasileiros. Será desta vez?

FORA DE FORMA

Desde o início da investida sobre o vale do Pó, João Afonso passou a viver num turbilhão.

As casinhas baixas de Bellavista, a procura de um lugar para dormir, Borboleta dizendo o jeito é vocês armarem barraca junto à casa, né, barraca sobre a neve, Borboleta biruta, um dia leva um tiro nas fuças sem saber de onde partiu, não, não, ele está é louco mesmo, batendo as asas, agitando os dedos miúdos, não faz mal, não faz mal, sempre se consegue dar um jeito, sempre acabamos nos entendendo com os italianos, sí, sí, Brasile buona terra, anche Italia, tutti latini, tutti amici, eu vou dormir num fenil, cada um se ajeita por perto, o telefonista Armando se acomoda num barracão e dorme dentro de um balaio comprido, não faz mal, não faz mal, nós dormimos vestidos, às vezes nem tiramos os galochões, é só dar um berro missão de tiro, e um instantinho depois já estamos na CT, eu vou olhar este povoado, que pobreza depois da cozinha abastada de Nerina, eu vou olhar tudo, lá embaixo a estrada 64 volteando entre morros parece uma cobrinha vagabunda, em frente a serra de Pistoia, do outro lado da crista do morro o maciço fatídico de Monte Castelo-Belvedere-Monte della Torraccia, manchas branquicentas e aqui e ali um verde aparecendo a custo, o verde que anuncia a primavera e a batalha, é verdade que eu quero é sossego, por isso faço parte da corriola da Vivianne, a francesa que mora na mesma casa da CT, Vivianne pálida, morena, de olhos castanhos e maçãs salientes, que não para mais de falar, pudera, tanto tempo sem ter com quem conversar, não, não, eu não vou dizer brasiliani buoni, bravi, não, eu não vou mentir a vocês, eu tenho as minhas revoltas, o meu desespero, vi gente boa e gente má dos dois lados, podem estar certos, é verdade o que dizem dos alemães, os campos de concentração, as mortes de partigiani, eu sei, não nego, mas eu queria era que vocês vissem como esta região foi bombardeada antes da entrada dos Aliados, eu me escondi com Charlot e Annette num estábulo, dormíamos junto da vaca, sobre a palha, a vaca assustava-se com o bombardeio e batia com a cabeça nas paredes, as crianças agarravam-se à minha saia, depois vieram para o povoado uns americanos brutamontes, foram-se os americanos e vieram os brasileiros, pareciam gentis, amáveis com todos, gostavam de uma prosa, um deles tornou-se assíduo junto à minha lareira, trazia latinhas de carne, e, compreendam, eu tinha o problema da comida, ele dava às vezes chocolate às minhas crianças, mas um dia avançou sobre mim na presença delas, desabotoando as calças e rasgando o meu vestido, eu gritei, gritei, até que chegaram outros soldados e levaram o rapaz, agora vejam vocês, eu tenho o marido prigioniero in Germania, como é que eu vou contar a ele tudo o que aconteceu, ele era tão ciumento, às vezes me acordava de noite para dizer você olhou para Giorgio, e para que ia eu olhar o Giorgio, mas eu era jovem e sapeca, por isto dizia que tinha olhado, e ele quase me batia, mas isto fazia bem, eu gostava do ciúme dele, mas agora, depois que ele voltar, eu só quero viver em paz, eu quero criar os meus filhos, vejam Annette, tem quatorze anos, ninguém diz que tem mais de dez, e já sabe tanto da vida, vejam vocês, ela anda por aí com a latinha pedindo resto de comida na cozinha, e eu tenho tanto medo, mas preciso deixá-la pedir, para uma criança sempre é mais fácil, vocês me dão comida sim, mas quanto mais eu arranjar, melhor, as escatoletas de vocês eu economizo para quando forem embora daqui, os cigarros também, vou vender no câmbio negro, e eu tenho a minha solidão de mulher moça, o soldado brasileiro avançou sobre mim na frente das crianças, eu não compreendo, muita coisa se consegue com jeito, com carinho, eu nem sei se poderia resistir se alguém me tratasse como gente, se fosse gentil, mas eu só vejo brutalidade, agora vocês estão aí conversando, a gente se entende, mas eu tenho medo, estou sempre com medo, a gente confia e tem medo, por favor, sejam bons com as minhas crianças, Annette tem quatorze anos, Charlot tem sete, é preciso poupá-las, sejam bons com elas, quanto a mim, eu me assusto com qualquer coisinha, outro dia o capitão de vocês, que é tão esquisito, com estes seus olhos saltados, com o quepe descido sobre as orelhas, entrou na minha cozinha depois que vocês todos já foram dormir, queria um pouco de água fervente, mas estava com as mãos tão trêmulas, revirava tanto os olhos, fiquei com muito medo e me enrolei toda neste meu xale esburacado, felizmente acabou indo embora, mas eu tenho certeza, o que ele queria não era água, eu tenho medo desses machos todos à minha volta, me farejando como cachorros, o que me faz falta é um pouco de vida de família, é criar bem meus filhos, eu nasci foi pra mãe de família, foi pra cuidar bem do meu homem, mas ele está prigioniero in Germania, será possível que esta guerra não acaba mais, e não param mais de zunir estas granadas por cima da casa, quase arrancam o teto quando vão cair lá em Porretta Terme, e eu sinto frio, sinto muito frio, não compreendo como é que vocês, de um país tão quente, conseguem suportá-lo, vocês são valentes, quando vejo lavarem o busto de manhã numa bacia sinto um arrepio no corpo todo, eu gosto é de ver retratos, me mostre os retratos da sua gente, ah, então é sua irmã, como é bonita de maiô, que pernas bem torneadas, como é morena e nutrida, logo se vê que não passam dificuldades, eu precisava era de um pouco de sossego, então vocês veriam como eu ficaria bonita, vocês deviam me ver uns anos atrás, antes de eu me casar e vir para a Itália, é verdade que eu estranhei muito, todos me olhavam feio aqui no povoado porque o meu Peppo se casou com uma francesa, ninguém me perdoava isto, deviam ver as intrigas que arranjavam, os diz-que-diz-que, e logo com ele que é tão ciumento, mas eu tenho até saudade daquele tempo, no fundo eram todos boa gente, depois eles viraram uns bichos, cada um só trata de sobreviver, se pudessem, dariam cabo de mim para haver uma boca a menos no povoado, para não terem concorrentes nas escatoletas e nos cigarros de vocês, e não pensem que eles adoram vocês, com os alemães eram um tal de tedeschi buoni, bravi, americani cattivi, e agora os buoni e bravi são vocês brasileiros, mas é só virarem as costas que eles caçoam, quando algum de vocês sai para ver uma fidançata, as escatoletas sobrando dos bolsos do capote, eles riem, chamam a vocês i scattolai, os homens das latinhas, arranjaram até este apelido, dizem que vocês vieram prostituir a terra deles, eu gosto é de clareza nas coisas, por isso digo tudo a vocês, estou cansada dessa hipocrisia provinciana, eu não nasci para viver em lugar pequeno, sou dos subúrbios de Paris, algum dia ainda vou voltar para a minha terra com meu Peppo, se os tedescos malditos o deixaram vivo, mas na verdade eu tenho ódio não só dos tedescos, tudo me enoja, vocês estão aí conversando comigo, faz bem conversar um pouco, a gente põe pra fora o que tem no íntimo, mas palavra que às vezes me enojam estes olhos úmidos que alguns de vocês têm quando vêm falar comigo, venham conversar, conversem comigo, mas por favor não ponham em cima de mim estes olhos úmidos, palavra!

João Afonso gosta de ouvir Vivianne falar num italiano afrancesado e assim mesmo bonito. Mas ela fala dentro de um turbilhão, tudo o mais também acontece num turbilhão, feito de horas mortas na CT, de cálculos de tiro, de conversas, de uma vida que só pode ser aceita quando se vive atordoado e quando ela é vista como que de fora. A vida vista num aquário.

Um jipe em frente da casa e nele um homem barbudo, de uniforme verde muito sujo e esgarçado, um capitão de partigiani, os praças o rodeiam, os seus homens estão sem cigarro e ele vem comprá-los, que bom, minha gente, lá vão os cigarros velhos, mofados, de cheiro sufocante, que a Legião Brasileira de Assistência envia para o front, os bons, os americanos, nós vendemos em Porretta Terme a cento e oitenta liras o maço, e o barbicha nos paga duzentas e cinquenta pelos destronca-peito da Legião, duzentas e cinquenta liras, cinquenta cruzeiros, por um maço que se ia jogar fora.

João Afonso encosta-se à parede. Está fora do turbilhão e muito triste.

Pulo sobre a palha, esfrego os olhos, sinto o chão estremecer com o estrondo dos canhões, desço correndo a escadinha de madeira do meu fenil, é finalmente o assalto ao Castelo e ao Belvedere, um assalto diferente, com maiores recursos, apoiado por um movimento ofensivo de uma divisão americana de elite, há projéteis passando à esquerda de Bellavista, uns projéteis barulhentos, os de uma bateria de 155 camuflada na vizinhança, com o sol forte há certa animação e bom humor, cálculos e mais cálculos, números e mais números, os pontos marcados sobre a carta, assinalados com alfinetes de cabeça colorida, diversos alfinetes rodeados por uma curva traçada com lápis azul, cada qual batizado com um nome, assim os tiros são desfechados sobre nomes poéticos, Wilma 14, Renata 8, Maria 5, Birundinha puxa-me timidamente pela manga, o café, que bobagem pensar em café, em todo o caso engulo a beberagem, mais um pouco de cálculos, mais algumas centenas de algarismos, e já está na hora do almoço, tomo a refeição sobre um monte de palha, em face da porta da CT, vejo ao longe um pedacinho do maciço atacado, fumaça de explosões sobre a montanha, aviões em voo de mergulho sobre as posições alemãs, a metralhadora pipocando cada vez que um aparelho investe sobre a posição, vem a notícia da tomada do Belvedere pelos americanos, o ataque ao Castelo vai ser amanhã de manhã, olho a crista nua do Belvedere e tenho um sentimento de assombro, tomar aquele gigante calvo, que horror, passo a noite calculando, o dia seguinte também, não sei mais se estou vivo ou morto, marco pontos, rabisco papéis, escrevo números, somo e multiplico, mas não sei se sou mesmo eu quem faz tudo isto, os calculadores sucedem-se em volta, Borboleta vai e vem, recolhe-se ao quarto para dormir um pouco, depois volta, eu não tenho mais noção do tempo nem do espaço, de vez em quando Birundinha torna a puxar-me pela manga, ora com o café, ora com o almoço ou o jantar, de noite vem a notícia de que o Castelo é nosso, ouço exclamações de alegria, o major Passos diz que assim nem é vantagem, com tanto tiro, mas nada disso me atinge, nem a alegria dos companheiros, nem a ducha fria que lhes procura dar o major, vêm novas listas de objetivos recém-batizados, é preciso manter a posição conquistada, precaver-se para o caso de um contra-ataque e preparar a ação seguinte sobre La Serra, mais uma noite sem dormir, mais cálculos, vagas notícias, vozes que chegam de longe e que eu ouço como que num sonho, contra-ataque, vão retirar os feridos, viaturas alemãs, o chão que estremece com o bombardeio, as granadas que continuam zunindo por cima do telhado, os meus olhos bem abertos, concentrados na carta, as linhas que teimam em se embaralhar, mais um dia, mais cálculos, mais notícias, não sei que horas são, talvez umas quatro da tarde, digo a Borboleta dê um jeito de me substituir, capitão, desço a escada e jogo-me na estrada, em frente da casa, quando acordo está tudo escuro, devem ser sete ou oito da noite, torno a subir a escada da CT, mais cálculos, dias e noites sucedendo-se em confusão, mais notícias vagas chegando de um mundo distante, tomamos La Serra, começou o contra-ataque, situação perigosa.

Depois dos dias de luta, o front torna a estabilizar-se. E a vida no povoado volta ao ritmo normal.

As conversas na saleta da francesa. O italiano que sai de manhã para lavrar o solo com pá-direita. A terra úmida, escura, que o lavrador revira com carinho, como se estivesse tratando de uma pessoa da família. Os gritos da vizinha, chamando o filhinho: "A-rís-ti-de! A-rís-ti-de!". O italiano que sai de casa, engravatado e de chapéu, o que faz os praças repetirem admirados: "É domingo!". Um sino badalando ao longe. E as granadas que continuam uivando por cima do telhado, apesar da tomada do Castelo e do Belvedere. Finalmente, mais uma vez o caminhão carregado, mais uma vez arrivederci.

A região é pobre e, por isto, qualquer casarão mais apresentável recebe o nome de il palazzo, assim como todo morro dominando um maciço e sobrepondo-se aos demais morros da vizinhança chama-se Belvedere, a carta está cheia de palazzi e Belvederi, desta vez o PC do Grupo e a CT instalam-se num palazzo próximo a Lizzano in Belvedere, na encosta do Monte Belvedere recém-conquistado, mas o nome solene não muda em nada a sordidez do casarão, com os seus ratos, a sua sujeira, e as italianas pouco asseadas que logo formaram uma corriola com os oficiais da unidade, não sobrando nenhuma chance para os praças, que passam horas e horas jogados sobre as mantas, conversando e escrevendo cartas, em meio ao fedor proveniente do entupimento de uma latrina do palazzo, de vez em quando se dá uma escapada até a cidadezinha, que é um pouco mais bonita, um pouco menos indigente que as demais da região, tem algumas casas com jardim, e há um ou outro pomar pequeno, nas ruas, além dos soldados brasileiros e da população, grupos de partigiani, calçados de tamancos, maltrapilhos, barbudos, uniformizados com uma mistura incrível de peças de roupas americanas, inglesas, alemãs, e com uns restos de trapos esverdeados, relíquias do exército fascista, como são diferentes dos soldados de Badoglio, com os seus uniformes bem cuidados, com o seu jeitão de quero farda e comida, os partigiani mais parecem uns bandoleiros, uns rebeldes aninhados na montanha, vi um deles virar de um trago toda uma garrafa de vinho, era um rapazinho, foi só ele chegar à cidade e já encontrou um companheiro, este lhe passou a garrafa, e ele a virou toda, o gogó saltando, a satisfação espalhando-se pela cara, que inveja eu tive daquela alegria, eu vivo é num turbilhão sem alegria nem tristeza, será possível, será possível que nada me emocione, leio cartas de casa, e o nevoeiro não se dissipa, um dia chega a notícia de que vamos receber licença para cinco dias em Roma, faço parte do primeiro grupo, e eis-me no caminhão que nos leva a Montecatini, entro na barraca do banho quente, a água sulfurosa quase pelando, na saída recebo a minha roupa esterilizada a vapor, depois dezesseis horas de trem nos vagões de bancos duros, bebe-se, o nosso grupinho de brasileiros olha com espanto para uns americanos que dançam no vagão em movimento, que se deitam no chão, que pulam e vomitam com uma naturalidade infantil, a grappa ordinária passa de boca em boca, o meu companheiro de banco, um rapazinho da Segunda Bateria, vai cabeceando e de quando em quando volta a si, para dizer olha meu pai, está me acompanhando lá fora, recebemos a ração K, muito mais gostosa que as latinhas de carne da C, como o queijo da minha ração e olho a paisagem tão conhecida, com montanhas e vales, povoados e castelos, pomares e hortas e um pedacinho de litoral, para-se de noite em Grossetto, a mocinha americana de uniforme (será possível? não é fantasma?) serve a cada praça dois bolinhos gordurosos e quentes, oh, yes, yes, it's very good, miss, a moça ri mostrando a alvura dos dentes, cochilo um pouco e volto a mim com o amanhecer nublado, dóem-me os ossos, vejo os subúrbios de Roma com suas casinhas pobres, saindo do trem subimos para uns caminhões, tocamos para o Forum Itálico, antigo Forum Mussolini (já foi palácio da juventude fascista, já alojou os atletas dos jogos olímpicos), com a sua opulência de nouveau-riche, o seu obelisco recoberto de ouro na parte superior, os seus salões, as suas piscinas, o alojamento enorme está cheio de camas-beliche, quase todas ocupadas por americanos com as suas fardas bem engomadas, o seu jeito de crianças grandes que alguém jogou por engano nesse país de guerra e miséria, nesse país tão adulto, vou ao banho de chuveiro, à barbearia, ao engraxate, que movimento nas ruas, meninas de doze e treze anos fazem sinais a todo militar que passa, no Forum Romano e no Coliseu o soberbo da pedra destoa de toda essa podridão, um rapaz bonito, de braço com uma mulher morena e magra, passeia com ar despreocupado entre as pedras do Forum e vai perguntando aos soldados lei vuole questa signorina? e ao lado a grandeza de Roma, os palácios, as catedrais, a basílica de São Pedro, a sabedoria suprema do *Moisés* de Michelangelo, de noite um rapazinho de treze anos leva-me à casa de uma mulher, a prostituta está sentada na cama com outro adolescente, que se despede dela com um a domani cheio de naturalidade, tenho uma noite nervosa, irrita-me esta naturalidade, nunca vi tamanha despreocupação neste ofício, isto não me parece depravação nem pecado, mas um simples comércio, lembra as histórias que os companheiros me contaram de noites passadas em casa de família, no quarto de uma das moças, esta faceta da guerra me provoca náuseas, mas é preciso, tudo é necessário, e o turbilhão que vivo, a névoa que me tolda os olhos, permite que eu aceite tudo, de manhã vejo uma fila de carruagens na entrada do Forum Itálico, são americanos trazendo para o alojamento os companheiros bêbados, cada um carrega o seu nas costas como se fosse um saco de batata, à noitinha sento-me num café à beira do Tibre, parece um lugar bem elegante, o meu dinheiro dá pra tudo depois dos meses no front sem poder gastar a parte do soldo paga em liras de ocupação, acompanha-me um americano bêbado que faz coleção de distintivos e que se põe a insistir com um velhinho de cabelos brancos, de terno surrado mas cuidadosamente escovado, que lhe dê ou lhe venda o distintivo que traz à lapela, o velhinho se agarra à sua plaquinha e vai balbuciando timidamente que não pode ceder aquilo, que é o seu distintivo de general reformado, no dia seguinte caminho entre as árvores de Villa Borghese, eu não quero saber de história antiga, neste momento não quero também saber de arte, por isto não visito o museu, ainda estou dentro do turbilhão, mas o sangue parece fluir com menos impetuosidade, vejo uma mocinha loira sentada no banco, lendo um romance, eu gostaria de travar diálogo com ela, apenas para não ficar só, para sair do meu turbilhão, mas ela fugirá, o jeito é continuar nesta vida de conquistador de um país, nesta solidão de soldado vitorioso, e assim mesmo, apesar do travo amargo que deixaram estes cinco dias em Roma, a partida é um choque rude, na serra de Pistoia o vento gelado fustiga-me os olhos, mas, quando chegamos a Lizzano in Belvedere, vejo a primavera mais adiantada, há um verde tenro e macio cobrindo trechos cada vez mais amplos, as árvores frutíferas se cobrem de flores, todas de colorido suave, com diferentes gradações, de noite ouve-se o gorjeio triunfal do rouxinol, tão surrado e tão novo, e que me emociona apesar do lugar-comum, porém, com a aproximação

da primavera, evidenciam-se também os indícios de uma ativação da guerra, formações cerradas de aviões aliados passam por cima do Belvedere e veem-se espoucar no ar projéteis antiaéreos inimigos, o nosso Grupo está apoiando um batalhão da divisão negra americana, dois calculadores negros foram incorporados à CT, a princípio ficam desconfiados, tímidos, esperando provavelmente a discriminação com que estão acostumados no exército americano, mas os meus companheiros vêm conversar com eles num italiano macarrônico, pedem-lhes autógrafos, mostram-lhes retratinhos, os dois americanos têm a pele de um marrom muito escuro, tendendo para o preto, são altos, fortes, bem aprumados, Abe é alegre e comunicativo, está sempre cantarolando Mamma son tanto felice e procura aprender a letra de outras cançonetas italianas, tenta cantar sambas, e os praças desmancham-se em gargalhadas com a sua pronúncia, mas ele não se zanga e ri também, arreganhando muito os dentes, Arthur é quieto e compenetrado, um tanto melancólico, tem temperamento de intelectual, de contemplativo, fala um inglês bonito, diferente da gíria quase incompreensível para mim que usam muitos pretos americanos, sabe francês e o seu italiano é muito superior ao de todos nós da CT, num dia muito nublado vejo os dois rapazes encolhidos sobre os banquinhos, as mãos apoiadas no queixo, estão abobados com a notícia que acabam de receber da morte de Roosevelt, há um ataque marcado, mas o comando resolve adiá-lo devido ao abatimento da tropa, uns dias depois, na hora do almoço, distribuem-se volantes em português, com uma proclamação do comandante-chefe do front do Mediterrâneo e outra do comandante da divisão brasileira, é a ofensiva, o assalto final, pouco depois essas palavras dos chefes são confirmadas por uma zoeira monótona sobre as cabeças, mas os aviões voam tão alto que não se consegue vê-los.

O Grupo ainda estava apoiando os negros americanos, quando a divisão brasileira lançou-se ao assalto de Montese. Apenas uma das baterias da unidade ficou apontada na direção da praça-forte alemã. O fragor da batalha ouvia-se de vez em quando, sobretudo à noitinha, e o chão chegava a estremecer com as explosões longínquas.

Finalmente, veio a ordem de mudança de posição. Havia animação, bom humor, aquilo era muito melhor do que ficar apodrecendo na imundície e fedentina do casarão.

O nosso caminhão desloca-se pela estrada larga, dentro de uma nuvem de poeira, sinto-me bem com o seu movimento, quando nos movemos a guerra se encurta um pouco mais, na frente vai um jipe com Borboleta e com o capitão Sileno, incorporado recentemente à CT para se revezar com Borboleta, o homem é bisonho, chegou recentemente do Brasil, é evidente o seu sobressalto ante a perspectiva de se revezar com o neurótico esquisito em que se transformou Borboleta, ficou para trás o Monte Belvedere, com a sua encosta verdejante e o seu cimo arredondado, a estrada passa entre casas destruídas pelo bombardeio, o caminhão atravessa Gaggio Montano, vejo o casario derruído e a igrejinha encarapitada no alto de um rochedo que parece um ovo gigante, em seguida a destruição é maior ainda, passamos pela encosta do Monte Castelo, as árvores retorcidas e chamuscadas, as crateras de granadas, as casinhas completamente esfareladas, meu Deus, meu Deus, estão aí as casinhas que eu marcava com um alfinete sobre a carta, foi praí que eu calculei tiro, mas não era eu, o ato de guerra é impessoal, posso arrancar os olhos de alguém, e não terei sido eu o autor do feito, de outro modo não seria possível, não há crime nem pecado, todos os pecados já estão resgatados de antemão, e ademais há o turbilhão, tudo o que eu fizer nesse turbilhão será obra de um outro, a estrada vai subindo a serra, e lá embaixo, ao longe, avista-se o vale do fiume Reno, um trecho de Silla e a estrada de Porretta, a mesma paisagem que o tedesco avistava ainda há poucos dias, Borboleta manda parar o caminhão e avisa que, daí em diante, não se deverá diminuir a marcha, porque a estrada nesse trecho está ao alcance das metralhadoras inimigas, vamos tomar cuidado, né, para que nada aconteça, né, aproveita a parada para consultar mais uma vez a carta cheia de rabiscos vermelhos, o capitão Sileno faz também correr o dedo sobre aquela carta, à procura do problemático palazzo marcado como ponto final da progressão, o jipe e o caminhão deslocam-se com rapidez sobre a estrada que serpenteia entre colinas, na parte superior das elevações, pouco abaixo da crista, ficam as posições da nossa infantaria, vejo os infantes em grupos, à entrada dos abrigos, na base de uma das colinas há um morteiro atirando, os projéteis saem chiando, passam por cima das colinas, tem-se a impressão de ver no ar uma linha curva após a passagem do projétil, começamos a encontrar americanos na estrada, dois soldados estão conduzindo cinco prisioneiros alemães, quatro homens de meia-idade, de ar carrancudo, e atrás deles um rapazola de quinze anos no máximo, que está alegre e risonho e manda um adeus para os praças do caminhão, o jipe do capitão para bruscamente numa curva da estrada, o caminhão estaca também, a estrada está cheia de estilhaços de granada, logo adiante mineiros americanos vão esquadrinhando o chão com os seus detetores de minas, difícil, né, como é que a gente vai achar o tal palazzo? O capitão Sileno se debruça sobre a carta, procura ajudar Borboleta, mas é tudo em vão, o jipe e o caminhão dão meia-volta e regressam pela mesma estrada, passam de novo pelos americanos conduzindo os cinco prisioneiros (o garoto vai pulando à retaguarda da coluna, rindo alto e dando adeus com a mão), pelo morteiro atirando e pelas colinas com as posições da infantaria, depois, numa curva mais ou menos protegida, nova parada para conferência, não, não pode ser, deixamos de entrar à direita, na estradinha que se vê aqui na carta, corre-se de novo pela estrada perigosa, desta vez o caminhão e o jipe entram numa estrada secundária em meio a árvores frutíferas em flor, há um grupo de casas em torno de uma igrejinha antiga, os veículos param em frente da igreja, os oficiais continuam conferenciando junto à carta estendida sobre a carroceria do jipe, nós praças entramos na igreja onde se aloja um pelotão de partigiani, os fuzis encostados na parede, as cartucheiras espalhadas no chão e as mantas dos guerrilheiros contrastam de modo tão estranho com a tranquilidade da igrejinha e com as imagens toscas, repassadas de mansuetude, Borboleta pergunta ao oficial dos partigiani dove il palazzo? E os dois oficiais ficam comparando as suas cartas, mas como a do italiano abrange uma região mais vasta, aparecem nela três lugares com a denominação il palazzo, enquanto a de Borboleta tem apenas dois, enfim, depois de conferenciar muito com o capitão Sileno, resolve ir na direção do mais próximo daqueles palazzi, e que parece ficar mesmo no fim da estradinha que passa pelo povoado, ao anoitecer os dois veículos param diante de um edifício amplo, de construção antiga, circundado por um parque de vegetação exuberante, um castelo mesmo, na porta estão parados alguns praças do Grupo, enfim estamos a salvo, o salão que há no segundo andar fica repleto de mantas, sobre cada manta há um praça, cada praça tem uma história a contar, o resultado é um zunzum incessante, mas este não se transforma em algazarra porque todos estão cônscios de que o inimigo não deve andar longe, na parede há um rombo aberto por uma granada, e um vento cortante penetra por ali, cada um cobre a cabeça com a manta, e o meu turbilhão dissolve-se num mundo distante, cheio de quentura e bem-estar, ao acordar ouço uns comentários está tudo minado, de fato vejo perto da porta uns objetos esquisitos em forma de prato, são minas que foram retiradas pelos mineiros, mas, com a pressa da ofensiva, o trabalho não pode ter sido perfeito, depois do almoço o edifício é abalado por uma explosão, foi um cachorro que fez explodir uma mina, ninguém se afasta muito, como a parada é por pouco tempo não se cavaram fossas para as latrinas e todos fazem as necessidades pertinho do edifício, comenta-se a notícia da próxima partida de alguns oficiais do Grupo, devido a um sistema de revezamento recém-instituído, o coronel e o major Passos deverão regressar em breve ao Brasil, para substituí-los chegaram à unidade um coronel e um major novos, o major é muito feio, e logo recebeu o apelido de Grapefruit, por causa da careta que se faz ao tomar o suco de grape-fruit fornecido pelos americanos, mas, de modo geral, a vinda daqueles oficiais novos é encarada com simpatia, o nosso coronel certamente não deixará saudades, aparece no nosso alojamento um casal de italianos, ambos são jovens, ambos morenos e bonitos, o homem é alto e forte, a mulher, rechonchuda, de grandes olhos negros e um risinho simpático, conversam bastante com a gente e acabam ganhando latinhas de comida e filando alguns cigarros, a mulher senta-se sobre as mantas, vai conversando com um, com outro, todos a tratam com naturalidade, já estão acostumados com aquele jeito comunicativo das italianas, sabem que a conversa e o convívio não significam necessariamente uma abordagem fácil com outras intenções, aquela mulher jovem e bonita é uma tentação para muitos, mas todos a respeitam e vão conversando com o casal, fazendo perguntas sobre a vida durante a ocupação alemã ou contando coisas sobre o Brasil, e de noite aquela mulher que todos respeitaram, que nenhum de nós tentou conquistar, vai para o carro do Grapefruit, enquanto o marido desaparece, o carro-comando fica parado no meio do arvoredo do parque e dele chega um rumor de risadas e gritinhos, mas, na manhã seguinte, lá está o mesmo casal em nosso alojamento, conversando com um e outro, fazendo perguntas, contando casos e, sobretudo, pedinchando cigarros e escatoletas, chega a notícia de que a frente foi rompida, o caminhão da CT parece voar pela estrada poeirenta, as unidades estão em correria franca atrás do alemão, de repente é preciso parar, há uma coluna de tanques americanos atravancando a estrada, Borboleta desce do jipe e vai discutir com os americanos, o oficial americano gesticula e grita qualquer coisa que Borboleta não entende, mas vai balbuciando yes, yes, passada meia hora os tanques se deslocam alguns metros para frente e o caminhão consegue passar, vão aparecendo através da poeira colinas salpicadas de crateras, surgem também muitos cadáveres de cavalos utilizados pelos alemães para tração, e que morreram no bombardeio, passamos por um povoado em ruínas, e que eu identifico de memória, pela carta que usei recentemente, como Castel d'Aiano, junto a uma das casas há um tanque Tigre coberto de destroços, o canhão aparecendo sob um monte de tijolos e caliça, logo adiante um cavalo morto, estirado no chão, a cabeça entre as patas, mais uma povoação completamente desmantelada, Villa d'Aiano, nuvens sinistras de corvos, numa curva da estrada o cadáver de um soldado brasileiro, tem as unhas fincadas no barranco, o corpo dobrado para frente, num esforço supremo para galgar aquele obstáculo, vão aparecendo outros cadáveres, capacetes alemães e americanos, peças de fardamento rasgadas e sujas de sangue, papéis velhos, latinhas, armamento abandonado, todo um mundo que se desmantela e desaparece na confusão do campo de batalha, finalmente o capitão para junto a uma casa de pedra, as pranchetas são armadas ao ar livre, sentamo-nos sobre caixotes, o telefonista Armando fica junto do aparelho ligado com a viatura-rádio, pois a rapidez do avanço não permite estender linhas telefônicas para a comunicação com as baterias e com o Observador Avançado, alô Bailarina, alô Bailarina, aqui Lúcifer chamando, câmbio, finalmente conseguimos comunicar-nos com uma das baterias do Grupo, em posição nas proximidades, calculamos os elementos do tiro sobre Zocca, onde há tropas alemãs entrincheiradas, não houve regulação sobre o Ponto Base, nem se recebeu o boletim meteorológico para as correções de acordo com o tempo, e, naturalmente, o tiro não pode sair muito exato, mas não importa, faz-se pontaria sobre a igreja da cidadezinha, quando termina o tiro jogamo-nos ao chão e dormimos junto às pranchetas, na manhã seguinte o avanço continua, chegamos a Zocca quase destruída, a igreja foi atingida e as casas em volta estão com as paredes pela metade, vem dos escombros o cheiro adocicado e penetrante dos corpos em decomposição, o caminhão prossegue a corrida e para diante de uma casa térrea e ampla, pertinho de Zocca, na frente está parado um pelotão de infantaria, pela estrada passa um jipe com três prisioneiros alemães e um soldado brasileiro de carabina, um dos prisioneiros tem a cabeça amarrada com gaze, o outro vai segurando o braço, evidentemente ferido, descarregamos o material da CT e levamos pra dentro da casa, onde já se instalou o PC do Grupo, ouvem-se explosões próximas, veem-se das janelas pequenas nuvens de fumaça no talvegue percorrido pela estrada, a CT instala-se num salão amplo, aparece o tenente gordo, controlador da munição do Grupo, quantos tiros foram gastos ontem, sargento Omar? Ora, só faltava essa, em todo caso Omar tenta verificar pelas anotações dos calculadores o número de tiros gastos no bombardeio de Zocca, Borboleta segura o fone, tentando comunicar-se com uma das baterias de tiro, e estremece depois de cada explosão nas proximidades, por isto mesmo esquece as precauções e vai dizendo no aparelho transmita ao capitão para se dirigir ao PC do Grupo, né, que está instalado na primeira casa, à esquerda da estrada, logo ao sair de Zocca, né, câmbio, como que em resposta à sua imprudência ouve-se instantes depois um uivo prolongado e uma explosão tremenda, o alvoroço é geral, alguns ficam pregados ao solo, atordoados com o barulho, outros se atiram ao chão, eu corro para a porta, chego a passar o umbral, só depois disso é que me lembro de que não há para onde fugir e que o jeito é ficar mesmo na sala da CT, Borboleta está agachado num canto, o tenente controlador dos tiros jogou-se para baixo de uma mesinha e conseguiu ajeitar não sei como o corpanzil desengonçado naquele espaço tão reduzido, o coronel, que acabara de entrar na sala, apoia-se numa das cadeiras, um pouco mais pálido, mas completamente controlado, que é isso, todo mundo caindo à toa, Medeiros, não abandone o aparelho, nós temos de manter a nossa ligação com as Baterias, Borboleta segura o fone com as mãos trêmulas e agacha-se em frente da janela, lá fora há uma cratera enorme aberta ao lado da casa, no mesmo dia transferimo-nos para Zocchetta, um grupinho de casas pouco adiante de Zocca, os caminhões do Grupo são emprestados à infantaria, que está perseguindo o alemão e precisa de transporte rápido, ficamos inativos, os canhões são largados num quintal das proximidades, as bocas voltadas para a parede, o alemão está mesmo em franca derrocada, chegam notícias de soldados inimigos que se rendem com a simples aproximação de um praça aliado, e o próprio Grupo, apesar de imobilizado, acaba fazendo alguns prisioneiros devido apenas à ação de presença, uma noite vem a notícia de que passará no dia seguinte sobre a localidade um avião pintado de branco e sobre o qual não se deve atirar, depois se recebe a notícia de que o mesmo avião pintado de branco vai passar na direção inversa, será mesmo a paz? Nem se acredita que isto possa acontecer, parece impossível dissolver esta névoa, imobilizar o turbilhão dentro do qual vivemos, chegam notícias vagas de que o Norte da Itália já foi libertado e que as principais cidades estão nas mãos dos partigiani, sabe-se também que os aliados já avançam no vale do Pó, ao qual se chega aliás a pouca distância de Zocchetta, a minha prancheta, apesar de inativa, tem pregada uma carta da região, e ali aparece Vignola, que fica no vale e já foi tomada pelos nossos, chegam a Zocchetta jipes de observadores avançados, provenientes do vale, vêm cheios de flores que a população atirou aos soldados, todos fazem relatos de uma explosão de alegria, dos beijos e abraços com que eram cobertos os nossos, e, enquanto isso, continuamos imobilizados neste buraco.

João Afonso sente desfazer-se um pouco a névoa em que ele vive, e então tem vontade de chorar, não sabe o motivo, tudo parece mais fácil, a vitória tão próxima e, no entanto, imobilizado em Zocchetta, sente todo o peso daqueles meses de uma tensão contínua, e só lhe sobra vontade para sumir embaixo da terra.

Devolvidos os caminhões ao Grupo, preparamo-nos animados para a nova mudança de posição, é uma animação que atordoa, uma animação de rodopio, depois de Zocchetta a estrada vai descendo suavemente na direção do vale, a paisagem é mais tranquila e repousada, sem a dureza característica dos Apeninos, as montanhas são mais baixas, há colinas arredondadas, tornam-se frequentes os pomares e as residências senhoriais, atravessa-se o fiume Panaro, que é apenas uma corrente rasa no fundo de um leito largo, cheio de areia e calhaus, a ponte está dinamitada e os jipes e caminhões entram na água e atravessam o rio sem maiores novidades, canta-se, o vento na cara, os sambas mais triunfais, as marchinhas mais alegres cortam o translúcido da manhã italiana, depois de uma curva soltamos uma exclamação quase em uníssono, o vale tão verde, tão alegre, um sonho, as árvores alinhadas, todas bem podadas, ah, depois de tanta luta, de tanto sangue, as árvores bem cuidadas parecem um lembrete sobre outra vida, sobre a continuidade e a permanên-

cia, à distância os cimos nevados dos Alpes, de quando em quando aparece lá embaixo, ao longe, alguma cidade com a cúpula da catedral, a torre do campanário, os telhados das casas e algum palácio medieval, o rosto recebe um vento frio, mas é um ventinho de vitória, um vento dos Alpes, um vento de fim de guerra, de volta para casa, finalmente a estrada não desce mais, estamos mesmo no vale, passamos por aldeias e pequenas cidades, a população vem às ruas, em muitos lugares agrupa-se nas margens da estrada para jogar flores nos carros, flores, gritos de saudação, beijos atirados pelas moças, há um bem-estar que sobe pelos membros e vai até a cabeça, liberatori! liberatori! Passamos por Vignola, com as suas casas antigas, os seus pomares e hortas, por toda a parte há lençóis brancos nas janelas, em algumas cidades aparecem também bandeiras vermelhas com a foice e o martelo, nas estradas há barreiras que os partigiani afastam para dar passagem aos carros do Grupo, são curiosos esses partigiani, rapazes e moças, meninos, verdadeiras crianças, os homens usam cabelos compridos e barba, têm os olhos distantes de quem não dorme há muitas noites, as moças parecem decididas como os homens, estão todos muito bem armados e fazem questão de exibir a abundância do armamento, é frequente encontrar-se um partigiano armado de fuzil, tendo duas fitas de cartuchos na cintura e três enormes granadas antitanques penduradas do cinto, além de um revólver junto ao bolso direito, muitos deles saúdam-nos com o punho cerrado, passamos por Parma, as ruas cheias de gente, liberatori d'Italia! Sim, somos os libertadores, estamos voltando à pátria, e o caminhão voa pela estrada asfaltada, rumo ao poente, caminho de casa, pertinho de Quattro Castella paramos junto a um convento abandonado, um edifício enorme consistindo em quatro pavilhões de pedra, sinistros e feios, com um pátio no centro, a Bateria-Comando instala-se numa das alas do edifício, o resto do prédio continua ocupado por uma multidão miserável de refugiados, são velhas maltrapilhas, mocinhas, crianças raquíticas que brincam de esconder e fazem pipi sobre a terra batida do pátio, de noite forma-se uma fila no corredor diante de uma das celas em que funciona uma prostituta, de manhã consigo um pouco de água para me lavar, fico de busto nu e esfrego a cara e o pescoço, no meio da operação a minha cela é invadida por uma turba de velhotas, guarda, guarda com'è carino, com'è grasso, as velhas apalpam-me os braços, deslumbradas, boquiabertas, fazia muito tempo que não viam um rapaz tão nutrido, apalpam-me com descaramento, sem nenhuma cerimônia, como quem examina um capado na feira, e de repente eu sinto vergonha da minha pele que está ficando novamente rosada, das minhas carnes bem nutridas, apesar de tudo é evidente que a guerra ainda não acabou, ouvem-se de quando em quando uns disparos isolados e, numa garagem da vizinhança, há dois infantes feridos, atendidos por um soldado do batalhão de saúde, estendidos sobre mantas, gemem baixinho, esperando pacientemente a evacuação, mas o importante é esquecer, dar tudo por terminado, saímos em grupos, desarmados e folgazões, soltando piadas e perguntando por vinho, há no povoado uma cantina instalada no porão de uma das casas, a grande mesa de madeira, os bancos compridos, as paredes claras, os barris enormes, os copázios de vinho rosso, espumante e perturbador, tudo isso reforça o turbilhão em que vivo, acrescentando às minhas sinistras visões um toque de paz, alegria, ingenuidade e bem-estar, de vez em quando topa-se com um tiroteio entre partigiani e fascistas entrincheirados em alguma casa, mas nós não temos nada com isso, o assunto é deles, que se entendam, o que nós queremos é um cantinho sossegado e un bicchiere de vinho, e depois saímos ébrios pelas estradas, cantando a Bandiera Rossa ou a Cidade Maravilhosa, tanto faz, o coronel e o major Passos vão mesmo embora, vão transmitir o comando e voltar ao Brasil, nem por isso conseguem criar uma atmosfera mais cordial, de menos rigidez militar, o major ainda apertou a mão de cada praça da CT e do PC para se despedir, o coronel nem isso, ele nos comandou, confiou-nos missões, e a sua tarefa estava cumprida, estamos quites e acabou-se, os caminhões correm mais um pouco pela estrada do vale e param na cidadezinha de Fiorenzuola d'Arda, junto a uma fábrica abandonada, a cidadezinha é simpática e acolhedora, as ruas cheias de gente, os paisanos que nos fazem parar e perguntam-nos o que é que está acontecendo, se é verdade que os russos estão combatendo em Berlim, se a nossa divisão aprisionou mesmo toda uma divisão de tedescos, se a guerra está por dias, se é verdade que vão enforcar todos os cani fascisti, ficamos encabulados, não sabemos nada, o que nós queremos é um pouco de vinho, um pouco de tranquilidade, os negros fazem sensação, os habitantes obrigam-nos a parar, apalpam-nos, esfregam-lhes a pele, para ver se a cor não sai, as moças têm um prazer especial em passar a mão sobre uma carapinha de negro, de noite há sempre uns bailecos ao som de sanfonas, o sonatore ganha maços de cigarros e latinhas de carne, e o seu entusiasmo torna-se incontrolável, que mistura simpática de gente nesses bailecos, mocinhas da vizinhança, partigiani barbudos com os seus pitorescos uniformes, as suas cartucheiras, todo o seu armamento em exibição, algum soldado americano de uma unidade de passagem no povoado, e praças, muitos praças brasileiros, há beijos na face e calorosos apertos de mão, domani ritorno qua, como embriaga esta outra faceta da Itália, tão diferente daquele país de pedra que deixamos atrás, nos Apeninos, finalmente vem a notícia, acabou a guerra, não há mais guerra, e no dia mesmo da vitória final os nossos caminhões entram em Stradella, cidadezinha famosa pelos seus salames e vinhos e pelas incomparáveis harmônicas, instalamo-nos mais uma vez numa fábrica abandonada, que tem algo de inóspito, as mantas jogadas no chão, as carabinas encostadas na parede, os meus companheiros conversando, custa um pouco acreditar que a guerra acabou mesmo, chegam notícias da tomada de Berlim pelos russos, o jeito mesmo é dormir, comer e tomar umas bebedeiras, o corpo sente agora a canseira de todo um ano de campanha, percebe-se melhor o contrassenso de toda esta vida, o mingau de aveia dentro da marmita, frio e insosso, guardado para duas horas mais tarde, moscas e sujeira dentro do mingau, será que vamos finalmente deixar de ser bichos? Será que se vai voltar mesmo à vida civilizada? Há quem fale de um embarque para o Pacífico, tenho o corpo mole, o espírito vazio, o pensamento toldado pelas bebedeiras dos últimos dias, quando desci do caminhão um italiano velho veio correndo ao meu encontro e me deu um beijo na face barbuda, há vinte anos que te espero, liberatore mio, bonito, não há dúvida, mas há um resto de azedume em meu íntimo, o que não diziam eles ao alemão, quando este descia dos caminhões na mesma cidade? Não, não pode ser, tudo isto é sincero, basta olhar para estes rostos, para estes sorrisos, e ademais eu já estou ficando um pouco italiano, tedesco ha portato via tutto, povera Italia, brasiliani buoni, bravi, tedeschi molto cattivi, bandiera rossa, bandiera rossa, viva i liberatori!

O abatimento, a alegria, a bebedeira de João Afonso, tudo se mistura num último rodopio do turbilhão.

O Norte da Itália estava transformado num país estranho e selvagem. Havia por toda parte um ambiente de carnificina, de guerra civil. Os soldados que vinham do front, cansados de sangueira, ansiosos por um pouquinho de paz, não compreendiam aquele fanatismo da população, aquela sede de sangue, de vingança. Eram o ódio gerando ódio, o sangue derramado clamando por mais sangue. Aquela população vira os desmandos do nazismo, os fuzilamentos dos reféns, muitos tiveram parentes tombados, a execução de partigiani tornara-se espetáculo habitual nas praças das grandes cidades. Quando se encontrava um jornal de poucos dias atrás, lia-se um noticiário sobre "bandidos" executados em praça pública. E agora, após a libertação, explodia o ódio sopitado. Era frequente ver-se um linchamento ou julgamento sumário. O fascista apanhado pelos partigiani era levado para a praça central da cidade, e as suas vítimas apareciam ali mesmo, com um relato de maldades contra o povo, contra os patriotas. Depois, era o fuzilamento no próprio local, diante da população enfurecida.

Em Stradella, as mocinhas faziam questão de levar os seus fidançatos brasileiros à muralha do cemitério, onde havia sinais de bala e vestígios de sangue, lembranças do fuzilamento de alguns fascistas. De quando em quando, ainda aparecia um franco-atirador, querendo vender caro a vida ou tentado escapar dos guerrilheiros, para se entregar a soldados aliados.

Em Cremona, um cartaz com letras vermelhas, à porta de um café da praça principal, convidava a população para o fuzilamento de um fascista, no dia seguinte, às 13 horas.

Em todo caso, muita dor, muito luto. Um dia, encontraram-se pertinho de Stradella, num poço, os despojos de seis guerrilheiros, filhos da cidade, mortos semanas atrás pelos fascistas. Foi um dia lúgubre, as lojas fechadas, as casas de janelas cerradas, por toda parte fitas de crepe, e o sino da igreja dobrando merencório.

Ao mesmo tempo, parecia sincero o entusiasmo da população pelos seus libertadores. No entanto, era bem frequente ver, sobre uma casa bombardeada, uma inscrição a piche: "Destruída pelos libertadores anglo-americanos". Apareciam ainda cartazes com um homem de cor agarrando uma mulher loira, e a legenda: "A libertação que vocês quiseram!". Essa propaganda, oriunda dos fascistas remanescentes, parecia a princípio não afetar a população. Não passaram, porém, muitos dias, para surgirem ressentimentos. Em breve, nas conversas com os civis, passou-se a ouvir frequentes referências à carestia e à escassez dos gêneros. Em Stradella, por exemplo, todos diziam que não chegaram a sentir privações rigorosas nos últimos meses de guerra, pois os partigiani controlavam virtualmente a região, e os alemães não conseguiam levar nada de lá. Agora, porém, tudo estava caríssimo e difícil.

Os partigiani que voltavam das montanhas irritavam-se com aquela afluência de militares estrangeiros em suas cidades. Os soldados pareciam milionários, em face da população desprovida de tudo. E eram rivais poderosos junto às mocinhas. Os outros tinham sofrido o diabo nas suas montanhas, estavam cansados e abatidos, continuavam miseráveis e sem perspectivas para o futuro, e viam chegar aquela turba de moços uniformizados, recebidos como libertadores, beijados em praça pública, coroados de flores. E os liberatori traziam os bolsos cheios de cigarros e chocolates, tinham longas conversas sobre a pátria distante, eram a novidade, o exótico.

Percebia-se também, por trás de tudo aquilo, uma transformação política em curso. Como? Em que sentido? O que se podia saber? Estava-se perto demais dos acontecimentos, via-se apenas um pálido reflexo da situação geral. Recebendo uns praças brasileiros para un bicchiere, o proprietário rural censurava os Aliados por não terem chegado mais cedo, a fim de impor um pouco de ordem no país e evitar os desmandos. Por outro lado, porém, eram comuns entre o povo palavras de simpatia pelos russos, percebia-se na opinião pública uma forte guinada para a esquerda.

Havia algo de estranho na organização apressada da vida italiana sob a libertação. Difícil compreender aquela gente. Os rapagões desciam das montanhas, sujos, barbudos, de cabelos compridos, maltrapilhos, mas eram muito diferentes dos italianos servis que se conheceram mais ao sul. Voltavam vitoriosos, para encontrar a pátria vencida, esfacelada. Poucos dias após a entrada dos Aliados, fechavam-se os núcleos do Comitê de Libertação Nacional e, em seu lugar, surgiam os escritórios do Governo Militar Aliado. O soldado americano, o praça brasileiro, o inglês, o hindu, o polonês, todos pisavam a infeliz Itália, todos eram liberatori, mas também os ocupantes, os estrangeiros que não compreendiam o calvário dos filhos da terra. De 462.000 partigiani que lutaram pela libertação de seu país, haviam tombado 76.500; e, no entanto, os conquistadores triunfantes não viam naqueles rapazes os seus companheiros de armas, que derrotaram o alemão nas principais cidades do Norte em combates duríssimos, antes da chegada dos Aliados. Fazia poucos dias apenas, o general alemão von Meinhold firmara em Gênova uma ata de rendição, entregando-se com os seus quinze mil soldados àqueles mesmos partigiani barbudos e maltrapilhos, em cujo nome assinara o documento o operário Remo Scappini, presidente do Comitê Nacional de Gênova.

Os brasileiros costumavam caçoar da mania dos partigiani de andar com um verdadeiro arsenal pendurado no corpo. Mas aquilo constituía certamente manifestação de orgulho nacional, era uma atitude que significava: "Vejam bem, são as nossas armas, esta terra é nossa, e nós a conquistamos com o nosso sangue!". Pobre orgulho! Não tardou o desarmamento dos partigiani, que passaram a andar desarmados como os brasileiros. Alguns soldados contavam que viram em Piacenza um grande desfile de guerrilheiros, depois do qual cada um foi depondo as armas. O que sabiam os praças, o que podiam compreender de tudo aquilo? Alguém lhes falara, acaso, dos operários de Turim, que se aferraram com unhas e dentes às fábricas ocupadas durante a insurreição, e que enfrentaram ali os tanques alemães? Estava-se perto demais da eterna cantilena de una sigaretta, paisano, da miséria, da degradação moral, de todas as vilanias que se presenciaram.

Os praças ficavam tontos, desnorteados. "Abaixo o rei! Morra o rei!", via-se escrito nas paredes. E, ao mesmo tempo, reinstalava-se o regime monárquico, os homens de Badoglio acompanhavam de perto a marcha dos soldados anglo-americanos. Cessavam os fuzilamentos, mas iniciava-se uma fase de privações nada heroicas, com as liras de ocupação inundando o mercado, com o desemprego, o banditismo, a falta de perspectiva de uma grande parte da juventude, e, infalivelmente, a prostituição, o câmbio negro, a jogatina desenfreada.

Aproveito o mais que posso a minha condição de conquistador, depois das bebedeiras triunfais que se seguiram ao fim da guerra estou sempre pedindo carona para ir a outras cidades do vale, adoro ver a fita de asfalto cortando-o quase em linha reta, entre pomares e vinhedos, Pavia com suas torres inclinadas, as muralhas com ameias, a silhueta de burgo medieval, Piacenza meio destruída, as ruas cheias de caliça, os belos edifícios antigos no Centro, o banal monumento ai caduti, tão deslocado e clandestino entre os vestígios gloriosos do passado, Parma sóbria e bonita, o azul do Correggio na cúpula da catedral, os restaurantes populares de comida escassa, mas onde se encontra o famoso parmesão, Cremona, com a torre da catedral, os afrescos magníficos, os anjos tão humanos de Bernardino Gatti, uns bambinos de rua iguais aos de hoje, há bebida e sexo, o corpo vingando-se dos meses de abstinência forçada, a ficha de cobre que se recebe num guichê, antes de tomar lugar na fila do bordel, Milão abarrotada de soldados, excursão ao lago de Como na manhã de domingo, rapazes e moças carregando pequenos embrulhos, sanfonas e guitarras, burgueses que saem com a família, não há carne, o pão está caríssimo, mas o italiano vai assim mesmo fazer piquenique, passar o dia a cerejas, vinho e umas poucas fatias de pão e salame, o trem apinhado, vozes moças cantando, grupos de moças e rapazes dançando na estrada para San Maurizio, perto de Como, entre os chalés na montanha, e, finalmente, no alto, a voz que se perde, os olhos deslumbrados, a vontade de sumir, de se desfazer no ar serrano, sobre o lago, sobre os atalhos tortuosos e as pedras da encosta, mas eu quero fazer uma tocha mais arrojada, não quero limitar-me às cidades próximas a Stradella, sinto uma embriaguez boa de triunfo e liberdade, sou paisano, paisaníssimo, ninguém me pega, pois sim, pois sim, não vá perder o embarque de volta, isso mesmo, até onde não iria se não fosse o medo de perder a viagem de regresso, como se conversa, como se fazem planos, o mapa da Itália aberto no chão, os olhos ansiosos acompanhando a linha vermelha da estrada, aonde vamos desta vez? Aonde, essa é boa, pra que fazer as coisas pela metade, eu quero ir à França, desta vez eu vou é tirar a barriga da miséria, Nice, Monte Carlo, Cannes, em seguida, quem sabe, sou capaz de ir até Paris, depois do casarão de Silla, do inferno branco e das noites de vigília, passar uma tarde no Bois de Boulogne, voui, voui, mademoiselle, enchanté, o perfume das terras de França, o sorriso de uma midinette, não tem por onde, eu preciso ir à França, conto os meus planos a Alípio, Omar e Fileto, sentados sobre as mantas, combinamos os detalhes da aventura, o único jeito de vencer aquela distância é apanhar o carro-comando do Grapefruit, se ele descobrir, não faz mal, pode castigar a gente, já teremos gozado o encanto das terras de França, de noite saímos os quatro e levamos o motorista Augusto Pisca-Pisca a um boteco da cidade, escuta, Augusto, você já se imaginou em Paris, em pleno centro, na Praça da Concórdia, sentado num daqueles cafés com uma francesinha, diante de uma garrafa de conhaque? Vale a pena até sacrificar a vida por um momento assim, você com o seu cansaço, a paúra do front, a sujeira que ainda não saiu toda do corpo da gente, você que em sua terra nunca passou de Cascadura, você que nunca teve um tostão a mais, você que sempre se dobrou na frente do patrão, tem de repente uma oportunidade dessas, e vai perdê--la? Pense um pouco, tem algum cabimento? É verdade, vocês têm razão, mas se pegam a gente? Ora, ora, você já viu o xadrez que arranjaram lá na fábrica? O Jesuíno até fez lá uma instalação de rádio, e os presos dão um jeitinho de escapar de vez em quando ou receber de fora algum vinho, francamente, você tem medo disso? E agora imagine, você entrando no cassino de Monte Carlo, um tal de monsieur pra cá, monsieur pra lá, o porteiro vem tirar a sua japona, você lhe entrega meio maço dos destronca-peito da Legião, e o homem se desmancha em sorrisos, nós vamos dançar à luz de velas, uma porção de velas nuns candelabros antigos, Mademoiselle, desculpe se lhe pisei o calo, voui, voui, s'il vous plaît, pardon, é que... estou pensando no embarque... que bobagem, não vai acontecer nada, se o Grupo se deslocar para tomar o navio, a gente chega em tempo nem que seja preciso correr a cento e vinte por hora, você tem de ir conosco, nós vamos até a França e você não pode perder a oportunidade, o que as palavras não conseguem, obtém-se com o bom vinho espumante, Augusto Pisca-Pisca abre e fecha os olhos miudinhos, cada vez mais entregue à aventura, mais seduzido pela perspectiva de uma estada em França, me espera Paris, temos de tomar as nossas precauções, o toque de recolher é às dez, depois uma patrulha fica vadiando pelas ruas da cidadezinha, à procura de retardatários, a solidariedade da patrulha é quase certa, mas assim mesmo é bom tomar cuidado, escondemo-nos na estação, no meio de uma multidão de refugiados maltrapilhos dormindo sobre bancos ou sobre uns trapos no chão, um de nós vai de vez em quando até a casa dos oficiais do PC, ainda tem luz, ainda não se pode tirar o carro, com o correr do tempo passa um pouco a bebedeira de Augusto, eu acho que o melhor é desistir, se não a gente perde o embarque, e que é que eu vou dizer pra noiva? Que bobagem, pense melhor numa francesinha tomando com você champanhe de verdade, não tem por onde, o Augusto é nosso prisioneiro e não escapa mais, finalmente Fileto nos traz notícias melhores, a casa está em silêncio, tudo escuro, eu já falei com o sentinela, diz que não se incomoda, que a gente pode levar o carro, esgueiramo-nos até a casa do comando, colando-nos às paredes, um vulto escuro aparece numa das janelas e temos de nos esconder novamente na estação, depois saio eu em reconhecimento, não vejo mais o vulto à janela, mas o novo sentinela é frouxo, tem medo de responsabilidade, ora, era o que faltava, ter medo de um xadrez tão confortável como aquele que nos arranjaram, esperamos mais duas horas até a mudança do quarto de ronda, o sentinela de agora é muito mais cordato, um rapagão da Segunda Bateria, de retorcidos bigodões negros que lhe valeram o apelido de Bigode, o quê, vocês vão até a França, puxa, isto é que eu chamo uma boa tocha, uma tocha de macho, podem levar, podem levar, e se quiserem o jipe também, não façam cerimônia, eu não estou vendo nada, já levam tarde, tedesco ha portato via tutto, entramos na garagem ao lado do bangalô e empurramos o carro silenciosamente para fora, a gasolina é insuficiente, por isso vamos até o depósito do Grupo, o próprio sentinela ajuda-nos a encher o tanque, e ainda nos arranja alguns camburões de reserva, um deles está furado e eu o atiro ao primeiro italiano que vejo no portão de uma casa, o rapaz esbugalha os olhos e abraça o camburão, vendo com desalento aquela riqueza que escorre para o chão, depois carrega-o para dentro de casa, vai tapá-lo com a ajuda da família, quatro horas e pico, o carro voa pela estrada, Pisca-Pisca no volante, precisamos sair do setor brasileiro antes das seis da manhã, quando a polícia de estrada entra em serviço, sinto uma vertigem, agora sim é que sou um triunfador, o vento da estrada batendo-me no rosto em plena madrugada, havemos de vencer quaisquer barreiras, é a nossa investida sobre a França e havemos de tomá-la, perto de Gênova, já de manhã, junto a um viaduto magnífico de cimento armado vemos uma barreira da polícia militar americana, não há de ser nada, o carro embarafusta por umas estradinhas laterais, sobe e desce barrancos e depois volta à estrada principal, como foi rápida aqui a retirada dos tedescos, pela primeira vez encontramos uma região com pontes e túneis intactos, nos paredões, gravadas na pedra, as frases pomposas do Duce sobre as glórias do Império, em Gênova há restos de barricadas, barreiras de cimento, arranha-céus bombardeados, como é antiestético um arranha-céu sem a parede da frente, veem-se os quartos todos, a intimidade do cotidiano, a caminha do bebê, inteirinha no meio de um montão de caliça, o relógio de cuco na parede, a cidade é estreita, comprimida entre as montanhas e o mar, seria bom flanar um pouco, mas está ficando tarde, e nós temos o nosso objetivo, precisamos entrar em França, tomá-la de assalto, aparecem praias fortificadas com casamatas de cimento disfarçadas em chalezinhos, largas muralhas, cercas de arame farpado, o idílico tão apregoado da Riviera italiana, o mar de cartão-postal, os palacetes, os parques, paramos numa cidadezinha de ruas estreitas, até que enfim estamos longe das intragáveis rações C e paramos para almoçar, mas o dono do restaurante avisa-nos num italiano afrancesado que ali só existe peixe, serve-nos uns peixinhos ossudos, que parecem lambaris, fritos com muita gordura, tudo se mistura, o cheiro de gasolina que vem do corpo da gente, a gordura, a poeira, o cansaço, tem-se náuseas, mas não faz mal, toca pra frente, vemos uns refugiados na estrada, uma multidão cansada e suja, pés de sapatos rotos, pés de velhos, de mulheres, de criancinhas, onde está a poesia do mundo, a beleza da vida? As crianças estão velhas também, as horas na estrada transformaram-lhes os rostos, tiraram-lhes a vivacidade dos olhos, o mundo todo está cansado, estraçalhado, coberto de pó, é um mundo decrépito e derrotado, mas nós não temos nada com essas coisas, nós vamos é pra França, temos encontro marcado com a suavidade da vida, vemos túneis dinamitados e viadutos destruídos, de quando em quando o carro tem de enveredar por um desvio, um by-pass, subir umas pirambeiras doidas, e lá estão também, arrastando-se ladeira acima, suados, esfalfados, os bandos sinistros de italianos, eu não quero ver este azul do mar, este ar translúcido, estas flores, toda esta beleza mentirosa, convencional, não quero sentir esta brisa em meu rosto, eu preciso é sumir mesmo na terra, apodrecer de uma vez, os refugiados olham com inveja o nosso automóvel, ele é o privilégio dos donos da vida, dos que venceram a guerra, abismos de aflição e vergonha separam-nos daquela multidão extenuada, e apesar de tudo o diabo não dorme, o corpo cansado, náuseas, o cheiro de gasolina penetrando em tudo, a lembrança dos olhos cheios de angústia da multidão fugitiva, e o diabo, apesar de tudo, revolve-se em algum escaninho profundo de cada um de nós, Fileto avista duas mocinhas numa curva de estrada e diz baixinho a Pisca-Pisca para aí, as mocinhas sobem para o carro, uma na frente, a outra atrás, ficam comprimidas entre nós, quietas, dove andare, signorina? Alassio, nenhuma risada, o ar exausto de quem andou noite e dia, o rosto pálido, os olhos parados, numa curva da estrada aparece uma praia bonita, com hotéis, soldados americanos de uniforme espreguiçando-se na areia, ondas mansas, muito sol, as mocinhas descem do carro, grazie, arrivederci, o diabo, que fizera surgir os seus chavelhos em algum escaninho profundo, torna a esconder-se diante da aflição humana, do sofrimento de cada instante, depois de Alassio, Imperia, Sanremo, as estradas de pontes dinamitadas, as cidades intactas, flores nos jardins, o perfume do lilá, vir de tão longe, chegar

coberto de tanta poeira, e sentir no rosto o perfume do lilá, este aroma de civilização, este carinho da Europa, eu vou chorar, eu vou chorar, eu não quero a França, não quero nada, eu preciso é de um cantinho quieto para encostar os ossos, esta beleza me faz mal, me aniquila, numa outra curva paramos para descansar, e imediatamente somos cercados pelos sfolati, cada um tem esperança de uma carona, nós nos defendemos, não pode ser, é uma viatura militar, il commando, uma mulher jovem levanta nos braços uma menina de quatro anos de sapatinhos rotos e pés feridos, é só levá-la até Bordighera e deixá-la no hotel principal, mas não, nós não temos nada com essa gente, nós queremos ir à França, se cedermos, todo mundo vai querer subir no carro, non, non, viatura militare, il commando, quem balbucia isto é Fileto, o carro sai voando pela estrada abrasada, sente-se uma angústia sem limite, o peso de todos os pecados do mundo, chegamos a Ventimiglia às duas e meia da tarde, acontece que os franceses avançaram até ali a sua fronteira, criando assim um incidente internacional, no meio da rua há uma barreira igualzinha a outras que encontramos ainda há pouco, e onde Pisca-Pisca, aconselhado por Fileto, mostrou a sua carteira de motorista da FEB fingindo que era o passe regulamentar, do lado de cá da barreira está um sargento americano, do lado de lá, uns senegaleses de fez, os rostos negros muito compenetrados e carabina a tiracolo, o sargento diz que não pode ser, não, ele tem ordem de não deixar atravessar a fronteira, sim, ele está vendo o nosso passe, acredita realmente que fomos autorizados pelo nosso comando a dar um passeio pela França, mas só deixará passar o carro se trouxermos ordem por escrito do Governo Militar Aliado da cidadezinha, o dito governo está instalado num dos hotéis e os companheiros me comissionam para ir conferenciar com as autoridades, percorro um corredor comprido e encontro máquinas batucando, mesas cobertas de papelório, fichas, será possível? É a velha burocracia reinstalando-se no país em farrapos, é o mundo tão nosso conhecido dos ofícios e das ordens de serviço, na sua versão italiana, a velha internacional dos burocratas que já estende as patorras sobre o país destruído, o italiano gordo e bem vestido, de uma obesidade insultuosa, que constitui com um capitão inglês o famigerado governo, ouve a minha história sobre o passe regulamentar, a licença recebida para uma viagem à França, espanta-se por termos vindo de Stradella, ma che lontano, e explica que não pode fazer nada, o capitão foi a Alassio tomar o seu banho de mar e ele não pode assinar coisa alguma na sua ausência, o jeito que temos é ir até Imperia, para conversar com o coronel americano, responsável pelo trânsito na região, depois que chego com esta resposta começa a grande discussão, Fileto quer assim mesmo continuar na tentativa de ir até a França, nós outros almejamos é um canto para dormir, despir em algum canto a roupa fedendo a suor e gasolina, acabar de uma vez com a aventura doida, não ver mais os olhos dos refugiados nem os pés machucados das criancinhas, afinal o carro volta pela estrada poeirenta, Fileto substitui Augusto no volante, Sanremo, Imperia, Alassio, Savona, o entardecer na Riviera, as palmeiras à beira da estrada, o mar contra os penhascos lá embaixo, adeus Paris, noite no hotel em Celle Ligure, o colchão de molas, isto sim é que é civilização, quantos séculos me separam dele, meu Deus, será possível, estou mesmo voltando à condição humana, ao conforto humano, ainda sou meio bicho, ainda há pouco na estrada aquela menininha, bobagem, que é que se pode fazer, é uma catástrofe universal, qualquer coisa como um terremoto, a gente tem culpa se a terra está tremendo? Não fomos nós que inventamos essa guerra, eles quiseram a sua Abissínia, a sua Savoia, e agora têm tudo ao alcance dos pés esmolambados, aliás não é bem isso, estou mentindo a mim mesmo, e apesar de tudo não consigo atingir um estado providencial de plena hipocrisia, ora, deixem-me em paz, eu quero é dormir, gozar a delícia desse colchão de molas, suprassumo do conforto, o prêmio do conquistador, depois mais um dia de viagem, desta vez mais lenta, parando aqui e ali, temos de matar o tempo, para chegar a Stradella de madrugada, mas, quando é noite alta, Fileto põe o auto numa carreira doida, na entrada de um povoado vê duas mocinhas com jeito de quem espera condução, faz parar o automóvel, mas diabo, como tem gente aqui, num instante o carro é rodeado, em meio à densa treva, por uma multidão maltrapilha, todos lutam procurando entrar no veículo, ficamos quase esmagados sob a onda humana, esgueiramo-nos para fora e deixamos os italianos brigando, um rapazinho de bigode ralo exibe-me o documento militar e insiste em que, na qualidade de oficial, tem o direito de entrar no carro antes dos demais, pobre oficial, então não sabes, seu cabeça de pau, que o teu exército acabou, finita l'Italia, adesso tutto kaputt, depois de muita briga conseguimos expulsar do carro a multidão revoltada, com exceção de duas velhas gordas, que viajam agora praticamente no nosso colo, o carro continua a voar pela estrada, e a mulheraça no meu colo chora, diz que vai a Piacenza ver no hospital o filho, que teve amputadas ambas as pernas, chegamos a Stradella de madrugada e deixamos as velhas na estação ferroviária, no meio de outros sfolati, levamos o carro para a garagem e empurramo-lo silenciosamente para o mesmo lugar, o sentinela comunica-nos que, segundo parece, ninguém notou a falta do veículo, finalmente vem a viagem rumo ao sul, o longo comboio avança alegremente rumo de casa, adeus, adeus, lencinhos acenando, mocinhas chorando, ano próximo io ritornare qua, pois sim, vai esperando, bobona, eu volto é para a minha morena lá em Cascadura, vou meter a minha fatiota paisana, irei ao teatro ver Oscarito, ao futebol, a Itália desfila mais uma vez, diabo de terra bonita, depois a gente vai ter até saudade, baías, enseadas, ilhotas, o litoral da Ligúria ao sol, poeira, zunzum nos ouvidos, gostoso apesar de tudo, uma ligeira embriaguez de triunfo, de regresso à pátria, há um anoitecer no trigal pertinho de Castiglioncello, que delícia este cheiro de trigo, esta exuberância de mundo vegetal, adeus vida primitiva, uma estrelinha apareceu tremelicando, um gato miou numa casa da vizinhança, ouço o mar bem próximo, sinto um embalo de navio e adormeço, depois tome poeira, casas destruídas, a miséria da Itália, arrivederci tudo, ao entardecer do terceiro dia os carros do Grupo entram num grande acampamento, de amplas barracas coletivas, espalhadas por uma planície cortada pela estrada principal, a uns trinta quilômetros de Nápoles, o lugar chama-se Francolise e fica pertinho de Cápua, o acampamento é bem vasto, estão aqui prisioneiros alemães vigiados por uma companhia de negros americanos, eles preparam as instalações de algo que deve tornar-se um acampamento de exército de ocupação, uma espécie de cidade militar, aqui será o cinema, ali vai ser o clube, há calor e poeira, moscas, em frente do acampamento, do outro lado da estrada, fica o povoado de casinhas de pedra espalhadas sobre uma colina, na entrada do povoado, bem visível, a placa "Off-Limits", naturalmente ninguém liga para essa bobagem de proibição, mas dá tristeza andar por aquelas ruas, a população é muito mais miserável que em qualquer das regiões que já percorremos, lembra até o Nordeste brasileiro, à porta das casas aparecem mulheres de camisolão, é duro ver as mulheres renunciando a qualquer espécie de garridice, usando aqueles camisolões mais tristes que hábito de freira, arrastam-se sobre as calçadas inúmeras crianças pulguentas e remelentas, no boteco da esquina o vinho é ruim, está misturado com muita água, uma tropa de burro passa batucando sobre o calçamento desigual, está levando mercadorias para algum povoado na montanha, no ponto mais elevado da cidadezinha, um castelo abandonado, pode ser que seja antigo, pode ser que já tenha sido bonito, mas o que se vê são uns paredões que parecem descascar-se, quartos imundos de paredes nuas, o limo por toda parte, um cheiro de mofo, e sobretudo de excrementos, desistimos da cidadezinha e passamos o tempo nas barracas, anda-se o dia todo de calção de física, dorme-se, conversa-se preguiçosamente, é o reinado da indolência, o rancho, a fila, o bate-papo, a ânsia de voltar cede lugar à preguiça e ao abandono, a cabeça esvazia-se de impressões, nem parece que passamos por tanta coisa, nada existiu, o que há de verdadeiro é este calor impossível, esta poeira, estas moscas, nos fundos do acampamento passa um riacho, um reconhecimento descobriu que pouco adiante fica uma cachoeira, ótima para se tomar banho, como é agradável sentir a água caindo nas costas, depois fica-se sobre a grama, papo pro ar, olhando as nuvens, sem pensar, sem sonhar, sem lembrar coisa alguma, ah ser uma lesma, um verme, um percevejo, mas notícias correm depressa, e as prostitutas da região logo descobrem aquelas aglomerações perto da cascata, que pena, o recanto idílico transforma-se num bordel rústico e barato, os prisioneiros alemães chegam para o trabalho em grupos, nunca têm pressa, executam todas as tarefas com o máximo de moleza, ninguém os aborrece, os negrinhos americanos são bonachões e relaxados, é frequente ver-se um grupo grande de prisioneiros entregue à vigilância de um só colored, que se senta sobre alguma pedra, a carabina largada com displicência sobre os joelhos, os alemães conversam, param de trabalhar, ficam olhando para nós outros, que nos arrastamos molemente para as nossas barracas, os prisioneiros estão recebendo poucos cigarros e, por isto, ficam catando guimbas no meio das barracas brasileiras, e é frequente virem com esse propósito em grupo, em pleno horário de trabalho, vigiados de longe pelo pretinho bonachão, penso no que seria no caso contrário, se os negrinhos estivessem prisioneiros e estes arianos puros fossem os seus carcereiros, dou uma escapada

até Nápoles e vejo a mesma miséria de quando estávamos indo para a guerra, o mesmo scugnizzo conduzindo o soldado pelas ladeiras estreitas, dizendo que vai levá-lo à casa da sorella, a mesma miséria rude, o mesmo abatimento, o mesmo abandono de quaisquer normas de vida familiar, o trenzinho para Pompeia, ao lado das ruínas majestosas a miséria muito mais trágica do que a morte entre as lavas do Vesúvio, meninas de treze e quatorze anos, imundas e maltrapilhas, vendem-nos o ricordo característico da cidade, um falo metálico provido de asinhas, percorrendo as ruínas chega-se a esquecer a miséria moderna, mas o regresso é mais triste ainda, mais rude e melancólico . . . .
. . . .

Adeus Nápoles, adeus Itália, addio, o caminhão passa pela caixa d'água, pelos montes de pedregulho, pelos prisioneiros alemães mandando adeus, aqueles homens abatidos, que perderam a arrogância, que vivem catando guimbas no meio das barracas, curvados e humildes, que coisa estranha, agora não há mais ódio, são gente também, foram eles que mataram companheiros meus, foram eles que me bombardearam em Silla e quase me mandam desta para melhor, é verdade tudo o que se diz sobre as atrocidades germânicas, mas, apesar de tudo, são gente também, esquisito tudo isso, estamos voltando para casa, mas não há tranquilidade de espírito, e sim cansaço, um quê de indefinido misturando-se com a alegria, certo relaxamento de músculos e nervos, um pouco de moleza, as velhas de camisolão circulam no meio das barracas abandonadas para catar o que esquecemos ali com a pressa, addio vecchia, a velha engrola qualquer coisa, a vozinha nasalada, arrivederci, ano próximo io ritornare qua, ah que terra, eu não quero pensar em nada, daqui a alguns dias estarei tomando chope em Copacabana, ao lado de uma loira fenomenal, arrivederci, arrivederci, não quero pensar em nada, não quero ver nada, não existo mais enquanto não pisar terra do Brasil.

— Tu é bobo, meu velho, nós vamos é pro Japão.

Campos, montanhas, viaturas militares, ruas de Nápoles, adeus!

MEDO

Pois é, velhinho, é o que eu te digo: o que houve de mais importante em toda a guerra foi mesmo o medo.

Tive medo ainda muito antes do nosso embarque. Eu namorava uma garota lá do bairro, filha de gente simples, e que a princípio não parecia ter grandes pretensões. Mas o raio da irmã de minha pequena arranjou noivo rico, vivia andando de automóvel e ganhando presentes caros. E eu lá com meu empreguinho modesto, os meus ternos meio esgarçados, os meus sapatos de sola furada. E, depois da convocação, a coisa piorou. Ia visitar a garota, de vez em quando entrava em casa dela, mas era para ver a família se desmanchando em amabilidades com o noivo da irmã. Era Luciano pra cá, Luciano pra lá, enfim uma chaleiragem nojenta. E o Luciano a falar de negócios, de importação e exportação, a se fazer de importante, a dar palpites em política internacional. "Ora, vocês não vão embarcar nunca, é só farol." Mas eu tinha medo, muito medo. Ia embarcar e ia perder a minha Teresa.

As coisas no quartel pareciam mesmo preparadas para um embarque próximo. Lembra-se daqueles exercícios na Vila Militar? Quando subi para o "navio" de madeira, por aquela escadinha de corda, e olhei para as casas lá embaixo, pequenas, meu coração se apertou. Minha Nossa Senhora, os calafrios que passei!

Depois, foi o embarque de verdade. No navio, tive muito medo de submarino. Acordava sobressaltado, não comia direito, enjoava muito, passei dias e dias jogado no catre, quase um trapo.

E assim foi até começar a guerra de verdade, tudo era motivo para me atemorizar.

Tomei parte no primeiro ataque ao Castelo, aquele que se fez com os americanos. Dei tiro, ouvi tiro, me deitei no chão por causa das granadas, o diabo, sempre assustado, sempre com medo.

Depois, foi aquele ataque terrível de 12 de dezembro. Nós estávamos de reserva, abrigados junto a umas casas, e vimos os homens de outro batalhão avançarem morro acima. Chapinhavam na lama, encolhidos, avançando sempre. Um companheiro me disse: "Está vendo? Não tem ninguém lá em cima. O tedesco já deu o fora. E pensar que essa glória era pra nós!". Olhei para o morro. Nossos homens já se aproximavam da crista, mais um pouco e o Castelo ia ser nosso. Mas qual, foi um tiroteio tremendo. Morteiros, fuzis, metralhadoras, uma barulheira infernal. E os nossos homens descendo o morro, as lurdinhas cantando, gente caindo. Depois, de noite, saía patrulha de carne, para recolher pedaços de gente na encosta do morro.

Tomei parte em patrulhas. Tinha medo, mas ia cumprindo o que mandavam.

Sentia-me abatido, desmoralizado. Companheiros meus tinham morrido, outros estavam na retaguarda, no hospital. O tenente que nos comandava foi evacuado por neurose de guerra. Um dia, quando estávamos saindo em patrulha, vimos o tenente trepado numa árvore, pensando que éramos tedescos.

Ora, neurose de guerra, quem é que não tinha? E eu precisava ser evacuado, era difícil escapar com vida daquele inferno.

E como eu andava muito abatido mesmo, um dia tive um gesto de desespero. Estávamos na hora do rancho, reunidos em volta da cozinha. O capitão, o sargento da cozinha e mais uns oficiais discutiam. Tinham chegado jornais do Brasil e era um tal de Brigadeiro pra cá, general Dutra pra lá, enquanto nós esperávamos a comida. Pensei nuns caramelos tedescos que bem podiam cair ali e fiquei fulo da vida. Pulei para uma elevaçãozinha, tirei do cinto a granada de mão e gritei: "Sirvam já a comida, se não eu espatifo essa joça toda!". Alguém deu um pulo para me desarmar, um companheiro me segurou os braços. Mas não me evacuaram por neurose de guerra, não. Trataram logo de arranjar papel e tinta e fizeram uma big queixa de mim. Contaram o caso todo por escrito, tim-tim por tim-tim. Disseram que eu ia responder a conselho de guerra. Ora, que importava! Era, apesar de tudo, uma evacuação para a retaguarda. Depois, naturalmente, ia haver uma anistia.

Fiquei esperando o tal conselho de guerra. Nisso, aconteceu o caso dos prisioneiros alemães.

Saí numa patrulha noturna. Atingimos as casas que nos indicaram e devíamos regressar. Mas o sargento achou que, naquele povoado, não havia tedescos e resolvemos fazer uma patrulha de vinho. Entrei num daqueles casarões de pedra e, como parecia abandonado, fui procurando vinho em todos os quartos, enquanto o Rui, meu companheiro, continuava com a metralhadora em posição de atirar.

Abrindo a porta de um dos quartos, ouvi um ruído de respiração. Corri o quarto com a lanterninha, quase velada pelos dedos, e vi quatro tedescos estendidos no chão, dormindo. Fiz sinal para o Rui (eu era cabo e devia comandar). Os rapazes foram acordados com uma rajada de metralhadora na parede. Levantaram-se assustados, mãos para cima, gritando: "Kamerad, Kamerad!". Conversamos com eles em italiano assassinado, demos-lhes cigarros. Perguntamos por outros alemães na vizinhança, e eles nos disseram que, na casa vizinha, dormiam mais quatro e que não havia nenhuma sentinela acordada. Vi logo que não era uma armadilha, os olhos assustados daqueles rapazes não me enganavam. O medo deles era ainda maior que o meu. E assim saímos para a rua, o Rui com a sua metralhadora, eu de fuzil e granada na mão, com os quatro tedescos na nossa frente, as mãos atrás da nuca. Fomos à outra casa, o Rui deu mais uma rajada na parede, e voltamos para a unidade em triunfo, trazendo na frente os oito rapazes aprisionados.

Dias depois, o capitão mandou reunir a Companhia. Fez uma preleção sobre os deveres do militar, a necessidade de disciplina, etc. "Pronto", pensei, "lá vem o tal conselho de guerra." Era a evacuação para a retaguarda, mas, apesar das possibilidades de anistia, e embora eu soubesse que meu castigo não podia ser severo (existia ou não existia, afinal de contas, a tal neurose de guerra?), a palavra conselho de guerra sempre nos dá uma sensação desagradável, como se a gente fosse enfrentar um pelotão de fuzilamento.

Mas o capitão não falou mais em conselho de guerra. Leu uma citação em ordem do dia, pela qual eu era promovido a sargento, por ato de bravura, e me fez um grande elogio. Fiquei desnorteado, abobalhado, com vontade de perguntar: "E o conselho de guerra, capitão?". Mas, enfim, estava promovido, reabilitado, o herói do dia. Todos me davam parabéns, vinham me apertar a mão. Parecia até uma colação de grau.

Depois, passei por um aperto maior. Escalaram-me para comandar uma patrulha. Fui falar com o capitão: "Por que não escala um sargento mais experiente? Olhe que a missão é muito séria". O capitão riu e disse que não podia ser, que eu devia comandar a patrulha. Mandou que escolhesse alguns soldados para me acompanharem. Olhei os homens, era quase tudo gente novata, recém-chegados do depósito de pessoal, todos com aquele medo particular, aquela angústia dos primeiros dias de front. Tive pena deles e perguntei quem queria me acompanhar. Um cabo me disse: "Eu vou com você", e eu me dei por satisfeito. Saímos os dois, o cabo de metralhadora e eu com o meu fuzil e a minha granada de mão. O capitão subiu à torre da igreja, para observar nosso avanço.

Progredimos pela encosta, onde se viam aqui e ali cadáveres brasileiros. Alcançamos o ponto marcado na carta e já nos preparávamos para voltar, quando, olhando para uma árvore, vi um tedesco de binóculo, espiando nossas posições. Fiz sinal para o cabo, a metralhadora cantou e o tedesco se despencou do galho.

Nisso apareceu na crista do morro outro tedesco, correndo de mãos para o alto e gritando: "Kamerad, Kamerad, niente Kaputt". Fiz sinal para que o cabo não atirasse, mas não adiantava, ele estava muito assustado, e é difícil fazer parar um homem assustado, com o dedo no gatilho. A rajada pegou o alemão na cabeça. Depois, foi uma fuzilaria dos infernos, a encosta estava cheia de alemães. Não sei como, tive a inspiração de não correr morro abaixo. Em vez de ir para a estrada batida pelos tiros, nos deslocamos para a direita e demos um rodeio, antes de voltar à unidade. Mais tarde, nossos homens fizeram outro prisioneiro e soube-se que, no morro, havia setenta e seis alemães que queriam render-se e que só atiraram sobre nós depois que matamos o companheiro deles, que vinha em missão de paz, que estava se rendendo.

Pois bem, velhinho, tudo isso que eu te estou contando não foi nada, comparado com Montese. Entrei na cidade, à frente do meu Grupo de Combate, sempre com o meu fuzil e a minha granada na mão. Eu explicava para os meus homens: "Não fiquem aí todos juntos, andem sempre espalhados". Mas era tudo uma carneirada, ainda não sabiam dominar o instinto de se agacharem todos juntos, num canto, sempre que havia perigo.

Uma metralhadora pipocou numa das janelas. Olhei para trás e vi meu Grupo de Combate reduzido a cacos, uns mortos, outros feridos. De doze homens, somente eu e o cabo estávamos de pé. Os padioleiros recolheram nossos feridos e nós dois continuamos atirando, caçando tedesco de casa em casa.

Qual, velhinho, quando me lembro de todas essas coisas, tenho vontade de correr, de me jogar no chão, de gritar socorro. É verdade que tudo acabou e que estamos esperando o embarque de volta. Mas eu continuo com medo. Que é que vou fazer? Estava desempregado quando me convocaram, vou voltar aos meus sapatos furados e ao meu terno de mangas esgarçadas.

Faz muito tempo que não recebo carta de Teresa, ela deve ter arranjado alguém, não tenho mais dúvida. Mas não importa, não posso mais voltar àquela vida. Ah, quando me lembro da cara de Luciano, com dentes muito brancos, me perguntando num canto da sala: "O que é que você acha? Minha noiva vai gostar deste reloginho como presente?".

Não, tudo será diferente. Mas eu tenho medo, muito medo, velhinho.

NAUFRÁGIO

Misturados à população civil ou incluídos nas unidades de partigiani, havia sempre inúmeros soldados e civis aliados, fugidos de campos alemães de prisioneiros. Era uma curiosa confusão de tipos, envergando os uniformes mais variados, misturando frequentemente jaquetas alemãs e calças civis ou capotões americanos e casquetes italianos, uma turba esquisita, que falava os mais diversos idiomas e contava os casos mais estranhos.

Ocupada uma cidade, o Governo Militar Aliado fazia afixar cartazes em diferentes línguas, lembrando aos ex-prisioneiros que o seu dever era apresentarem-se incontinenti, mas criaturas desarvoradas continuavam vagando pelos povoados, fugindo muitas vezes das patrulhas de seus compatriotas, tal como se haviam escondido dos alemães.

Eu servia de ligação entre uma unidade de infantaria brasileira e tanques americanos. Estávamos instalados num castelo do século XVII. Um dia, trouxeram para o salão do castelo um rapagão à paisana, loiro, de olhos azuis. Fui chamado para o interrogatório.

O rapaz estava diante de uma grande mesa, coberta de mapas. O major me explicou:

— Faça-lhe umas perguntas, para ver como fala inglês. Desconfio que é espião.

Conversei com o moço. Explicou-me que pertencia à infantaria australiana (citou o número do regimento) e que fora aprisionado em Bengasi, em 1942, e levado para a Itália. Depois de quase um ano num campo de prisioneiros na Lombardia, fugira e caminhara centenas de quilômetros para o sul, escondendo-se sempre nas aldeias, onde a população o protegia. Pretendia esgueirar-se até as linhas aliadas. Chegando, porém, àquele povoado de montanha, fora acolhido numa casa em que moravam uma cinquentona com a filha mocinha e um filho de quinze anos. O fugitivo tornara-se o homem da casa, resolvia com eles os assuntos mais importantes, cuidava da educação do rapaz. Estava, mesmo, noivo da moça e pretendia casar-se em breve. Chamava-se John, mas todos já o tratavam de "signore Giovanni". Aquele terno paisano lhe fora arranjado pelos camponeses.

O rapaz falava nervosamente, engrolando as palavras. Tinha pronúncia bem estranha. Em vez de "saturday", dizia "sáturdai", à moda brasileira, e engolia sílabas de outras palavras. Seria assim a pronúncia australiana? O major me disse:

— Mande o rapaz escrever algumas palavras.

Dei-lhe papel e lápis e ditei algumas frases. De mãos trêmulas, escreveu tudo errado.

— Não há dúvida, é espião mesmo — comentavam os oficiais.

Orientado pelo major, interroguei o rapaz diante do mapa, sobre as posições alemãs nas proximidades do povoado em que residia. Não soube explicar coisa alguma.

— Não é possível, você mora pertinho de Bolognano, as linhas alemãs passavam a pouca distância. Diga-me: você viu artilharia, tanques?

O rapaz não vira nada, não sabia de nada. Normalmente, não saía do povoado. Naquele dia, de manhã, disseram-lhe que havia tropa estranha nas proximidades, e ele fora ver se comprava alguns cigarros. Só isso. Mas, em vez de vendê-los, os soldados o aprisionaram.

— I only want a cigarette.

Um tenente deu-lhe um maço, e os seus olhos azuis brilharam com alegria infantil, em meio ao nervosismo.

— Tudo mentira — repetiam os oficiais. — Como é que a gente vai acreditar numa história tão tola?

Em dado momento, o moço se animou. Tinha um plano. Podia conduzir uma patrulha até o povoado, os próprios oficiais iriam se certificar de que não havia alemães pelo caminho, podiam vasculhar as redondezas, interrogar os moradores. Ele não sabia de nada, mas os outros deviam saber.

— Não, você está prisioneiro, o interrogatório vai continuar.

O rapaz desesperava-se, torcia as mãos. O que mais o preocupava era aquele traje civil, que precisava devolver ao dono.

— Compreendam, são camponeses, gente pobre. Eu vou levar a patrulha até lá. Arranjem-me uma roupa qualquer, para que eu possa devolver este terno. Será possível que vocês não compreendem?

O major deu uma risada, os outros oficiais também. O espião não era muito inteligente, se acreditava que iam aceitar aquela explicação.

Por fim, levaram-no para um jipe, que haveria de conduzi-lo ao Quartel-General. Pelo caminho, continuava protestando, dizendo que aquilo era um despropósito, que ele precisava devolver o terno e que estava disposto a levar uma patrulha até o povoado na montanha.

Foi num dos últimos dias da ofensiva final.

Vieram chamar-me, por ordem do comandante, para interrogar um russo, que fora preso por um dos nossos soldados. Vi um homenzinho à paisana, moreno e mirrado, sentado diante de uma mesinha baixa, com os oficiais da unidade agrupados ao redor. Mostraram-me o uniforme alemão, que trazia debaixo do braço quando fora preso, e o documento encontrado num dos seus bolsos: carteira de voluntário de unidade auxiliar do exército alemão, onde se lia que tinha trinta e dois anos e que nascera em Baku. Trinta e dois anos, seria possível? Olhei o rosto mirrado e decrépito, as rugas da testa, os olhos de bicho acuado.

— Você fala russo?

O homem fez "não" com a cabeça.

— Como? Não fala russo? Não é possível! Você vem de Baku e não sabe falar russo?

— Iá Baku... iá túrquish... moi siemiá túrquish... iá nie ponimai po-rúski...

Expliquei aos oficiais que o homem se dizia de família turca e afirmava não saber o russo.

O major muito feio avançou para o prisioneiro, falando alemão e repetindo para nós:

— Esta língua ele conhece, tenho certeza.

O homenzinho moreno encolhia-se na cadeira, olhava assustado para os lados e para o teto, como que pedindo auxílio.

Chamaram um soldado que sabia turco. Ele disse qualquer coisa ao prisioneiro, mas este apenas meneou mais uma vez a cabeça e não respondeu.

Avancei para o rapaz.

— Escute aqui! Você vem de Baku, portanto sabe falar russo. Deixe de vez essas bobagens. Apanharam você com uniforme alemão embaixo do braço e com um documento que prova a sua condição de soldado alemão. Como foi encontrado à paisana e está se recusando à identificação, pode ser encostado à primeira parede e fuzilado sem mais formalidades. Isto é das leis de guerra, que você deve conhecer. Fale de uma vez, homem, se quer que a gente lhe salve a pele.

E o rapaz falou. Em voz baixa, olhando o chão. Fora aprisionado perto de Briansk, no começo da guerra. Apanhara muito e passara fome. Depois, os alemães levaram-no à Itália, onde era tratador de cavalos de uma unidade no front. "Apanhei muito, passei muita fome", repetia sem cessar. E a fome e as pancadas refletiam-se de modo flagrante nos seus olhos de animal ferido.

Por ordem dos oficiais, interroguei-o sobre a origem daquela roupa civil. Explicou-me que lhe fora dada por uns italianos da vizinhança. Recebi então instruções para ir com ele à casa dos paisanos e trazê-los à unidade.

Saí conduzindo o rapaz, acompanhado de dois soldados. Quando ele nos viu apanhando as carabinas, juntou as mãos e começou a pedir que não lhe fizéssemos nada. Repetia sempre que não era espião e que os alemães o obrigaram à força a ajudá-los. Apesar das minhas tentativas de acalmá-lo, não pareceu muito convencido de que não seria fuzilado.

Caminhamos pela estrada, o prisioneiro na frente, nós três atrás. Pouco depois, enveredou por um atalho e passou por baixo da fita branca que indicava tratar-se de terreno que ainda não fora limpo de minas. Mostrei-lhe a fita e gritei:

— Você não sabe que é campo minado, que podemos voar todos pelos ares?

Encolheu os ombros, como se dissesse:

— Que importa! Sou mesmo um homem perdido...

Distanciamo-nos um pouco do rapaz. Pisávamos o terreno com muito cuidado e procurávamos colocar os pés nas próprias pegadas do prisioneiro.

Finalmente, chegamos a um grupo de casinhas baixas. Indicou-nos uma delas. Batemos na porta e apareceram um senhor idoso e um moço moreno, além de duas mocinhas que ficaram espiando a cena. O moço mostrou-nos um documento, provando que fazia parte de uma unidade de partigiani. Embora à paisana, tinha aspecto marcial, um ar de quem estivera realmente na montanha. Ambos nos explicaram que o russo aparecera ali durante a ocupação alemã, e que eles lhe arranjaram trajes civis, para disfarçá-lo.

— Poverino, é um moço tão bonzinho. É verdade que não regula muito, está bem perturbado com o que sofreu entre os alemães. Mas eu queria que vocês o vissem! Fazia questão de nos ajudar no trabalho da terra. Coitado, que é que pode fazer, tão franzino, tão desamparado! Esforçava-se por não incomodar ninguém. Preparamos para ele um quarto da casa, mas, de noite, escapou para o mato e foi dormir num buraco preparado na véspera. Estava sempre escondendo o uniforme alemão, não queria desfazer-se dele, não acreditava estar definitivamente livre, esperava ser apanhado a qualquer momento.

Levamos os dois homens para o PC, onde repetiram tudo o que nos haviam contado.

O major me disse:

— Você já se entendeu com o rapaz, leve-o agora para o campo de prisioneiros.

Saímos de jipe. Eu ia com a carabina no colo, sentado ao lado do prisioneiro, que espiava a arma de viés. Procurei tranquilizá-lo. Queria saber para onde o levava. Expliquei-lhe que ele ia para um campo de prisioneiros e que daí, naturalmente, seria repatriado.

— Você não tem nada a temer. Vai voltar a Baku, vai ver a família. Que mais você quer?

Ele escondia o rosto entre as mãos.

— Tenho medo, muito medo. Já apanhei muito, não aguento mais. No campo de vocês, eles com certeza batem nos prisioneiros.

Insisti em que não devia temer coisa alguma, que ia ser muito bem tratado. Expliquei-lhe, ainda, que os russos lutavam em Berlim, que a guerra ia acabar, que na Itália também tudo estava por um triz, que os alemães, desmoralizados,

254

rendiam-se aos magotes. Não pareceu acreditar. E à menor referência ao inimigo, os seus olhos embaçavam-se com um véu de demência.

— Você vai voltar para casa.

— Mas eu tenho medo, não quero!

Era uma realidade triste, desagradável, uma realidade que seria preciso esquecer, recalcar, nos anos seguintes. E eu conhecera em Roma uma mocinha russa levada à Itália pelos alemães, e que representava bem, em minha memória, o espírito de heroísmo, as vitórias da guerra. Uma figurinha loira, sorridente, falando bonito, com uma fé inquebrantável: em suma, imagem muito mais atraente do que aquele homem aniquilado.

Paramos junto a um sobrado de pedra. Ao lado, aglomeravam-se, atrás de uma cerca, centenas de prisioneiros da divisão alemã recém-capturada pela FEB.

Eu disse-lhe:

— Olhe bem! Você não vê que estão derrotados de uma vez? Onde estão os homens que batiam em você? Ficaram mansos, uns cordeirinhos.

Encaminhei o rapaz a um oficial, a quem expliquei o caso.

— Por favor, não me deixe só, fique comigo. Tenho medo. Eles vão me bater!

Abracei-o, procurei acalmá-lo mais uma vez e saí do sobrado, levando a lembrança daqueles olhos de animal acuado, toldados de uma nuvem de demência.

Em Stradella, via-se frequentemente na rua um sargento americano. Vivia misturado com a população, conversava com os brasileiros, entrava nos bares, bebia muito e andava atrás das meninas da terra. Descendente de italianos, falava bem não só o italiano, mas também o dialeto local, muito mesclado de vocábulos franceses. Quando alguém lhe perguntava como fora parar ali, tão longe de qualquer unidade americana, contava uma história complicada sobre um jipe avariado na estrada, o que teria forçado a sua permanência na cidadezinha, de onde sairia tão logo o comando mandasse buscá-lo.

Todavia, não há nada como o vinho espumante para desatar a língua. E o signore Giuseppe, quando bebia, ficava de humor sombrio.

— Vim andando, de Anzio até aqui! Agora, chega! A minha divisão vai ser, com certeza, enviada para o Pacífico, mas, para mim, a guerra acabou. O pior é isso de andar, andar sempre. Eu quero parar um pouco, será que eles não compreendem que preciso parar um pouco?

A vida ambulante pelos povoados desenvolvera nele um tipo peculiar de esperteza. Pediu-me cigarros, alegando que estava esperando um sortimento, a chegar de jipe. Eu tinha apenas "bionda cattiva" (loira ruim), o cigarro horroroso, marca Yolanda, que nos chegava às vezes do Brasil, com um rosto de mulher loira em cada maço. Tinha vergonha de oferecê-los aos italianos, mas, para me livrar daquele importuno, dei-lhe dois maços. O sargento guardou-os no bolso da jaqueta impecavelmente lavada e passada e, encontrando o coletor Mariani, barrigudo e burocrático, e Peppo, rapaz de uns trinta anos que vivia recordando aventuras amorosas, com voz melíflua, por vezes desagradável, ambos nossos companheiros de longas prosas à mesa, deu um maço a cada um. Peppo desmanchou-se em agradecimentos, chamando o americano de gransignore, enquanto eu me sumia num canto, com medo de que o rapaz acendesse um cigarro.

O sargento travou ainda amizade com os cozinheiros da minha unidade. Arranjava café, biscoitos, cigarros, e levava todo aquele arsenal para os italianos, que não sabiam o que fazer para agradar o seu gransignore: pagavam-lhe almoços, obsequiavam-no com vinho, arranjavam-lhe mulheres.

No entanto, ele fazia tudo aquilo sem alegria. Havia algo raivoso e frenético na sua busca de prazeres.

Acabou deixando de vez a farda, usava agora uma fatiota surrada e estava completamente identificado com os civis. Às vezes, rosnava num inglês que parecia estar adquirindo já um tom italianado:

— Pois é, vim caminhando de Anzio até aqui, chega!

O velho burocrata sussurrou-me de uma feita suposições misteriosas sobre certa missão secreta que o signore Giuseppe estaria desempenhando na região. Mas diante dos bicchieri de vinho, o rapaz continuava repetindo:

— I'm tired, molto stanco...

Pouco antes de nossa partida da cidade, encontrei-o de manhã na rua, à paisana, um bornal a tiracolo.

— Signore Giuseppe! Where are you going?

Fez um gesto vago.

— Alla montagna.

E saiu caminhando pela estradinha, rumo aos Apeninos.

E A PAZ? TAMBÉM EM SURDINA?

Ninguém dormiu na noite de 21 para 22 de agosto. Logo após a primeira refeição, os praças puderam subir para a coberta e viram um pedacinho de litoral fluminense. Depois, foi a entrada da barra, os canhões dos fortes atirando, barcos e navios indo ao encontro do transporte, apinhados de gente que agitava lencinhos no ar. O homem lá embaixo, na lancha a motor, gritando qualquer coisa que ninguém compreende. Será que eu conheço alguém naquela barca apinhada de gente? Impossível distinguir os rostos. As mocinhas de short, corpos morenos e esguios, aglomeradas num iate, agitam lencinhos coloridos. É estúpido, mas alguém solta uma piada chula. Para disfarçar a emoção, talvez? De longe, vem um bimbalhar de sinos. As fortalezas atiram. Será possível? Como é bonita esta cidade, as montanhas, a neblina, diabo, uma perdição! Um nó na garganta. Tudo isso é pra nós, será possível?

O soldado estava quase cego quando desceu a prancha do transporte. Um soldadinho magro, pálido, de bigodinho, igual a tantos outros ainda apinhados no navio. Não sentia o peso do Saco A nas costas, nem via o que estava acontecendo na sua frente. Pressentiu confusamente que a multidão, contida por um cordão de policiais, examinava-o atentamente, sentiu centenas de olhos acompanhando-lhe os passos. Deixou o saco num caminhão e encaminhou-se com os companheiros para umas mesinhas colocadas no meio da rua. Mocinhas de ar assustado serviram-lhes frutas, mate, sanduíches. Ora, comer numa hora dessas! Tonto como estava, entornou o mate. A mocinha que servia, recuou assustada. "Não tenha medo", pôde ele apenas balbuciar. Esquisito dizer isto ao regressar à pátria. O soldadinho encolheu-se dentro do uniforme. A moça grã-fina tinha medo de sujar o vestido, nada mais natural. Tempos atrás, um jornalzinho da Legião de Assistência, recebido no front, trazia artigo de uma daquelas moças respondendo a um soldado que reclamava da falta de apoio. Lembravam-se no artigo os sacrifícios que todas elas estavam passando: levantando-se de manhã cedo para ir visitar a família de um praça, trabalhando no preparo de pacotes, etc. Ridículo receber um jornalzinho daqueles no meio da lama e sob o bombardeio. Mas era tudo bobagem. "Não foi nada, moça, não lhe sujei o vestido."

Deixou o fuzil encostado numa parede e ficou esperando a ordem de iniciar a marcha. O quarteirão estava isolado pela polícia, mas, de vez em quando, a multidão rompia o cordão de isolamento e misturava-se com os soldados. Havia perguntas ansiosas.

— Vocês não conhecem o cabo Anselmo da Costa?

— De que unidade?

— Ah, isso eu não sei, diz que matou muito alemão e está ferido na perna direita.

De vez em quando, um soldado é reconhecido pelos seus e abraçado pateticamente.

As mocinhas da sacada de uma das casas puxam conversa.

— Você matou muito alemão?

Como se matar gente fosse um esporte muito interessante!

O soldadinho magro, que não é carioca nem tem amigos ou parentes no Rio de Janeiro, continua encolhendo-se dentro da farda.

A mocinha loira, que mora num bangalô no Silvestre, está sentada diante da penteadeira.

— Cedo ainda — pensa —, ainda não devem ter desembarcado.

Está pálida e um tanto trêmula. O que dizer ao Armando? Coitado! Como explicar-lhe as circunstâncias todas? Foi uma estupidez ela não ter dado nenhuma explicação ao namorado, depois que se comprometeu com outro. O que fazer? Como explicar todo o emaranhado de situações e sentimentos? Como resumir em poucos segundos o sentido ou a falta de sentido de uma vida?

O telefone toca. Corre aflita para o aparelho.

— É você, Armando? Escuta... me desculpe... eu não fui à cidade esperar vocês porque não adiantava... com todo aquele povo... depois, sabe?... mamãe tem estado doente... é que... você compreende...

A voz do outro lado da linha é tão estranha!

— Escuta, beleza, não tem importância. Está me ouvindo? Não tem importância. É isto mesmo. Vá tudo à merda. Agora, nada não tem importância.

O cabo gorducho, que se encostara no balcão do bar, ria e chorava desesperadamente ao telefone, continuando a repetir que as coisas todas não tinham nenhuma importância.

As ruas junto ao cais estão impedidas pela Polícia Especial. Os ferrabrazes de carabina às costas afastam o povo que procura entrar em contato com os recém-chegados. Estes também levam alguns empurrões. João Afonso olha as boinas vermelhas e os braços fortes dos policiais e lembra-se de um comício dissolvido, cena que presenciara por acaso, pou-

262

co antes da implantação do Estado Novo. "São os mesmos!", pensa. Será possível? Houve guerra, sangue, destruição, um mundo que desabou, e aí estão os mesmos polícias de boina vermelha, com as suas brutalidades. Como isto não combina com o nosso estado de ânimo! Estivemos na guerra, vimos tanto sangue, sentimos o cheiro dos cadáveres, mas agora o que nós queremos é um pouco de relaxamento, é o ritmo suave da vida brasileira, com que sonhamos na Itália.

Mais alguns populares conseguem infiltrar-se através do cordão de isolamento. Continua-se também conversando com os moradores das casas compreendidas no novo campo de concentração. Aparecem molecotes maltrapilhos que pedem cigarros americanos. Imaginem só, parece Nápoles! E o casario feio do porto lembra tantos outros que ficaram para trás. Tendo a sensibilidade aguçada pelos meses de provação, os soldados parecem notar agora aspectos de seu próprio país que antes passavam geralmente despercebidos. Não, não, não é isto que eu quero ver, esta é a minha terra, eu quero gozá-la em sua plenitude. Basta olhar a orla dos morros, não o pedaço da favela que aparece com o seu casario, mas os outros morros com a sua vegetação, este sim é o meu país, a terra com que eu sonhei sobre a neve e que não esperava mais rever.

Finalmente, vem a ordem de marcha, e uma longa formação de semifantoches, semitrapos, tontos de emoção, quase cegados pelo sol carioca, encaminha-se para a avenida Rio Branco. Os raios de sol batem em cheio sobre o asfalto, sobre os rostos e os capacetes de cortiça, penetram como um hino triunfal, como uma saudação de boas-vindas, no íntimo de cada um.

Impossível desfilar em formação. A multidão cercava os soldados, abraçava-os, beijava-os, arrancava-lhes os distintivos metálicos. O soldadinho magro e de bigode ralo, que é de um lugarejo bem distante, que não está acostumado às efusões do carioca, que passou meses transido de frio e de medo em buracos cavados na terra e na neve dos Apeninos, fica tonto, deslocado, os olhos marejados. Há uma diferença profunda entre o conceito que ele tem de si e a imagem que dele fazem os homens do povo. Afinal, o que foi que eu fiz? Estive em terra estranha, quando me diziam para atirar, atirei, quando me ordenavam recuar, obedeci também, senti frio, medo, solidão e foi só. O homem sente-se pequeno e mesquinho, e os compatriotas fazem dele um herói, quase uma figura de lenda.

Mas, apesar de heróis, o que mais querem os soldados é abraçar uma pessoa da família, um amigo, a namorada. Investigam ansiosamente os rostos ao redor, olham para as sacadas repletas de gente e para as arquibancadas na avenida. Tudo inútil! E o jeito mesmo é entregar-se passivamente ao entusiasmo da multidão.

A infantaria não conseguiu desfilar em formação. Os soldados eram carregados nos braços, em meio a vivas, buzinas de automóveis tocando e compassos marciais.

Depois da infantaria, entrou na avenida uma comprida coluna motorizada. Os jipes e caminhões eram igualmente assaltados. Ficava-se com os braços doloridos de tantos puxões.

— Meu Deus! Meu Deus! Será que encontrarei todos vivos lá em casa? — pensa um cabinho magricela, que deixou o pai com câncer da garganta.

Pirulito tenta dizer algumas piadas. Mas não adianta, a molecagem não consegue disfarçar a emoção.

O sargento Anésio sonda inutilmente a multidão, à procura da mulher e dos filhos.

Alípio está zonzo, não consegue raciocinar, manter a frieza, a serenidade com que procura ultimamente orientar

toda a sua conduta. Sim, na guerra, o jeito era armar-se de pachorra, deixar correr o barco, revestir-se, na medida do possível, de uma carapaça feita de conformismo e moleza. Mas o regresso ao mundo dos civis exige outro preparo interior, uma nova agudez de percepções, maior flexibilidade e velocidade de reação. Tudo isto requer grande autodomínio. Mas aí na avenida, não. Sou um homem histórico, um monumento ambulante, não preciso pensar, não devo até!

João Afonso olha também para as arquibancadas. E aquela multidão exultante, de milhares de rostos, transforma-se num único semblante, de olhos estranhos e desconhecidos, mas tão amigos, de uma simpatia irradiante. É isso mesmo, isso mesmo, vem cá, morena, não precisa arrancar-me pedaços do uniforme, aí vai um retratinho meu. Não se assuste com a cara, foi no inverno, em Porretta Terme. Ciao!

Havia muita confusão no quartel. Os oficiais deixaram os praças formados no alojamento, enquanto discutiam.

— Os homens saem de cinto de guarnição e capacete de cortiça.

— Não pode ser. O gorro sem pala é mais apropriado.

— O coronel não deixou ordem nenhuma. Cada um que saia como quiser.

Depois de muita discussão, seguiu-se este alvitre. João Afonso saiu correndo, com um grande suspiro de alívio, sem se despedir sequer dos companheiros.

Estava sem tostão, pois a tropa não recebera ainda os cruzeiros correspondentes às economias em liras e ao soldo de campanha. Mas, qual é o cobrador que vai exigir dinheiro de um herói que volta à pátria?

João Afonso subiu no primeiro ônibus que viu passar e, depois, tomou um táxi.

Chegou em casa às dez da noite. Tocou a campainha. Viu a porta se abrir e caiu nos braços de sua gente.

Foi coberto de beijos e crivado de perguntas.

— Você não está ferido?

— Nunca ficou doente?

— Está muito cansado?

— Não está com fome?

Mas João Afonso, que todos acham mais moreno, um tanto gordo, com um ar algo diferente e uma expressão meio dura no olhar apesar da alegria da chegada, interrompe a catadupa de perguntas, para lembrar que o táxi está esperando à porta do edifício, e que ele precisa de vinte cruzeiros para pagar a corrida.

Como foi bom voltar ao seu quarto, com a estante de livros (Meu Deus! Será possível que já li tudo isso?), o retrato de papai e mamãe quando noivos (papai com um bigodinho de Don Juan, mamãe com um ar ingênuo e um sorriso quase assustado), e a sua cama tão macia, tão gostosa, um sonho de cama.

Mas, ao mesmo tempo, como é difícil voltar a essa vida! Quase não conseguia alimentar-se, pois a boa comida de casa, tão ansiosamente esperada, parecia temperada em excesso, para o seu paladar viciado com a boia insossa da campanha. De noite, revirava-se sobre o colchão macio, ah, macio demais para os seus ossos, habituados ao chão duro e frio das casas italianas. E às vezes tinha sobressaltos, com a impressão de que um companheiro viria acordá-lo para missão de tiro.

Custou a sair o pagamento do soldo e muita gente ficou em situação difícil. Milhares de rapazes estavam sem tostão, em cidade estranha. Por orgulho, recusavam-se geralmente a participar das farras empreendidas pelos rapazes com família no Rio e que tinham a quem pedir empréstimo. Os praças do interior passavam os dias no quartel, estirados sobre as camas cheias de percevejos, o desalento a tomar conta da fisionomia. Vendo-os, era difícil acreditar que fossem soldados vitoriosos, de regresso à pátria. Para eles, a pátria era o lugarejo em que nasceram e não aquela cidade grande e agitada, em que se sentiam quase tão estranhos como em Roma ou Florença.

Os mais afoitos tomaram o trem assim mesmo, sem medir consequências.

— Vou fazer a tocha pra Ribeirão Preto, vou abraçar os velhos.

Muitos viajavam em vagão de carga, misturados com a mercadoria. Outros ficavam pedindo condução nas estradas de rodagem, viajando "no dedo", como na Itália.

A maioria, porém, deixava-se invadir de pessimismo e derrotismo.

— Qual! Esta terra não melhora nunca, nem com uma guerra. Está tudo podre. Pois se nem são capazes de nos pagar o soldo e nos mandar de volta pra casa!

Os que tinham família no Rio não lhes faziam companhia por muito tempo. Mal entravam no quartel, tratavam de saber das últimas notícias, sobretudo as relacionadas com o próximo desligamento do exército. Pouco depois, estavam novamente na rua. Apesar da hora matinal, encharcavam-se de cerveja no botequim da esquina, conversando alto, soltando gargalhadas.

Às vezes, o sargento Anésio aparecia no botequim e avisava timidamente um dos bebedores:

— Você foi escalado para o Corpo da Guarda.

— E eu com isso?

E a escala de serviço acabava quase sempre distribuída entre os rapazes do interior alojados no quartel.

Chegou finalmente o dia tão esperado do desligamento do exército.

— Vamos ser promovidos a paisanos — diziam os praças, esfregando as mãos.

Iniciou-se a cerimônia, a tropa reunida num terreno baldio.

— A última caxiada — resmungava-se.

Apareceu o coronel e iniciou o discurso. Os soldados viram-no poucas vezes, depois que fora transferido para a unidade nos últimos dias da guerra. Todavia, o vulto baixo e gordo, o seu rosto de expressão singela, pareciam indicar um misto de bondade e relaxamento. Mas ali, diante da tropa formada, perdia a personalidade, para tornar-se uma criatura álgida e superior, uma entidade intocável.

Em vez de desejar aos seus comandados boa sorte, com algumas frases amigas e simples, leu um aranzel cheio de citações literárias e digressões sobre Osório e Caxias. Os soldados permaneceram em formação, mas sem prestar atenção ao falatório. Os outros oficiais, os mesmos que partilharam a vida dura dos soldados, muitas vezes unidos a estes pelas vicissitudes e aflições, também estavam completamente transformados. Hieráticos, solenes, ouviam o discurso como se estivessem celebrando um ritual. A atmosfera seca e antipática da caserna tornava a desumanizar mesmo aqueles que, durante a guerra, tinham conseguido voltar à condição de criaturas simples e naturais.

Terminado o discurso, procedeu-se à entrega das medalhas de campanha. Cada sargento com função de comando recebeu as medalhas que devia distribuir, tal como durante a guerra havia recebido as rações e os pacotinhos de papel higiênico.

— Pagaram-nos a medalha — diziam os praças, no mesmo tom com que se dizia meses atrás: — Hoje, vão pagar banana no rancho.

Depois, cada um foi passando junto a uma mesinha onde recebeu o certificado de campanha e a quantia que lhe era devida. O sargento Anésio, muito atarefado, ia conferindo as listas do que se devia a cada praça. Embora ninguém acredi-

269

tasse que todo aquele dinheiro fosse sair mesmo, a Viúva pagou até o ultimo tostão, descontando apenas o preço dos objetos perdidos.

Incríveis aqueles descontos! O sargento Anésio suava em bica, explicando aos praças uma estranha contabilidade.

— Escuta, estão faltando aqui dois piquetes de barraca, a um cruzeiro cada. São dois cruzeiros a menos. Este cantil está completamente amassado, você compreende que não posso devolvê-lo desse jeito à Intendência. Com mais oito cruzeiros, o seu desconto sobe a dez. Falta ainda o gorro sem pala, no valor de vinte cruzeiros. Você ainda é feliz. Imaginem quem deixou tudo na corrida do Onze!

Em todo caso, sempre se recebeu algum dinheiro. Somando-se o Fundo de Previdência, o soldo correspondente ao último mês e as economias em liras, depositadas na Itália antes do embarque, cada soldado tinha cerca de dez mil cruzeiros, os cabos e sargentos um pouco mais. Não dava para se arrumar na vida, mas bastava perfeitamente para encomendar dois ternos de casimira e cair na farra. E foi justamente o que fizeram os rapazes do interior, que haviam passado muitos dias trancados no quartel, enquanto os demais se divertiam.

Angústias e privações, aflições sem conta, desapareciam num turbilhão feito de embriaguez alcoólica e satisfação sexual.

Muitos esbanjavam aquele pecúlio com um açodamento que tinha algo de contrição religiosa. Era como se não quisessem conservar o dinheiro maldito, como que manchado de sangue. Occhio di Bove, mulato de olhos arregalados da Segunda Bateria, reuniu-se na mesma noite a alguns velhos companheiros de jogo. Foram todos para um quartinho abafado de subúrbio e abancaram-se em torno de uma mesinha. De manhã, ao saírem para tomar café, Occhio di Bove estava mais uma vez sem tostão. Bateu lentamente a cinza do cigar-

270

ro, olhou para o céu e, o coração leve, o corpo encharcado de cachaça e cerveja (ah! bionda!), foi para casa dormir.

É preciso voltar à lucidez cotidiana, João Afonso. O terno paisano assenta-lhe bem, dizem que você é agora um bom papo (quem pensaria?), os companheiros de antes da guerra, os colegas da Faculdade, as mocinhas conhecidas e outras que lhe foram apresentadas, todos procuram a sua companhia, mas você tem fases de casmurrice, fica isolado de todos. O que há com você?

Esquisito voltar aos bancos da Faculdade, tomar notas na aula, ouvir as piadas de costume. O mais chato, porém, é ser o centro da atenção geral. Como foi? Como não foi? Ora, querem saber de uma coisa? Passei a guerra toda enfurnado num canto, escondido embaixo de uma cama, o medo não me deixou ver nada, fiquei burro, e agora não sei contar o que aconteceu.

Outro dia, num baile, a moreninha de olhar de vaca, rechonchuda e gostosa, perguntou-lhe durante a dança:

— Você gostou?

— Ora, do quê?

— De tudo. Dizem que vocês viram tanta coisa interessante!

Interessante... É, eu queria era ver você passar cinco minutos em Silla, menina.

Não adianta. Não é fácil incorporar-se ao mundo dos civis. Às vezes, parece que estes sentem a vinda dos ex-soldados como a intromissão de um corpo estranho.

— Diga-me uma coisa: vocês lutaram mesmo? Não foi só conversa de jornal? Ouvi dizer que as baixas de vocês foram todas por desastre de jipe.

Conversa de repartição:

— Dizem que vão efetivar todos os funcionários que estiveram na guerra. Que injustiça! Eu sou efetivo por concurso, tive de queimar pestana em cima dos livros, tenho os meus direitos adquiridos, e agora os outros vão chegar à mesma condição sem nenhum esforço. Pobre país!

Não, João Afonso, isto se passa na superfície, procure saber o que pensa o povo. Ora, o povo. Na guerra, eu dormi sobre o mesmo chão com os meus companheiros das mais diversas procedências. Mas agora, há novamente barreiras entre nós. Mantenho contato com Alípio, com Omar e com uns poucos mais. Os outros foram se afastando naturalmente. Então, não adiantou o mergulho de um ano e tanto no mar humano? As pequenas ocupações, a Faculdade, a vida em família, tudo parece cobrir-me novamente com uma crosta e isolar-me do resto. E eu não reajo. Parece que tem de ser assim mesmo. As minhas roupas de paisano, as gravatas coloridas que tive tanto prazer de rever sobre o peito, o teatro que tornei a frequentar (tão difícil acompanhar o enredo!), as pequenas que me telefonam e com quem tornei a sair, meu Deus, meu Deus, será possível que tudo se processe com tamanha rapidez? Há companheiros meus passando fome, sofrendo doença, completamente abandonados depois das caxiadas do regresso. E eu continuo afastado, isolado, arrastando sem nobreza a vida. Parece que Silla não existiu, nem existiu a camaradagem sem distinção, o congraçamento.

Anésio esparramou o corpanzil numa poltrona meio desconjuntada, que mal aguentava o seu peso, e espichou as pernas, colocando-as sobre um banquinho.

A mulher lavava a roupa no tanque. As crianças estavam na escola, com exceção de Chiquinho, o caçula, de um ano e meio, que se arrastava pelo chão, brincando com umas tampinhas de garrafa de cerveja.

O pensamento de Anésio voou longe. Os lábios carnudos de Giovanna, os seus olhos afáveis, a voz dizendo com aquela doçura peculiar, que certamente não existe em nenhum outro país: "Buona sera".

Fora bom rever Maria, com o seu corpo feio e disforme, a sua fisionomia familiar, os seus modos um tanto bruscos, abraçar e beijar os filhos, que cresceram tanto naquele ano. Criança é bicho teimoso, que cresce e se desenvolve, que brinca e dá risada, mesmo numa casinha apertada de subúrbio.

Pensou na luta que Maria sustentava para equilibrar o orçamento. "Boa e feia Maria", repetiu mentalmente, a sensibilidade à flor da pele.

Giovanna... Sentia-se uma espécie de bígamo mental. Mas que culpa tinha ele? Era da vida, do destino. Para que foram mandá-lo para a guerra? Ao beijar, antes de dormir, os lábios ressecados de Maria, vinha-lhe à lembrança a frescura de flor que havia em Giovanna, a sua robustez de campônia, a vitalidade que transparecia em todo o seu ser, apesar da vida difícil que levava.

É bom não ouvir mais assobios de granada, mas como é duro habituar-se novamente à condição subalterna! A vida de campanha subvertera todos os valores que Anésio se acostumara a prezar. Ele que sempre fora humilde, passara a desfrutar uma condição privilegiada em país conquistado, a ser tratado com subserviência pelos que dependiam dos seus cigarros e chocolates. As mulheres que tivera nos braços, por umas latinhas de carne ordinária! Ele que fora um exemplo de cumprimento do dever, que atendera às ordens mais absurdas e cumprira as tarefas mais cacetes, ele, o obediente, o passivo Anésio, passara a transgredir os regulamentos, a sair às escondidas do acantonamento, a fim de visitar a sua Giovanna, os seus bambini... E agora? É continência pra cá, continência pra lá... Sim, senhor major... Pois não, senhor tenente... De uma feita, quando andava na rua, distraído, um capitão de polícia chamara-lhe a atenção porque não fizera a continência regulamentar. O cúmulo! Um herói da pátria, que passara o inverno em frente do Castelo, ser assim desmoralizado em plena via pública por um oficial meganha! Engolira a ofensa, mas ficava de orelhas em fogo só de lembrar o ocorrido.

A vida cotidiana era mesmo um rosário de pequenas humilhações, precisava-se andar de cabeça baixa. Por enquanto, a situação não era das piores, empatara o Fundo de Previdência num terreninho vagabundo, e ainda sobrara algum dinheiro. Mas, depois, seria o problema de sempre, com as crianças crescendo, precisando de roupa, de sapatos.

Todavia, naquela hora de lassidão, seu pensamento voa para longe da realidade rude, transporta-se instantaneamente sobre o mar encapelado, depois sobre o azul tranquilo, e leva-o para junto de Giovanna, tão boa, tão meiga, tão apetitosa, com os seus lábios polpudos e trêmulos.

Não adianta, João Afonso. Você está só, irremediavelmente só. De vez em quando, ainda se encontra com alguns companheiros de FEB, é bom emborcar copos e mais copos de cerveja, lembrando os episódios da campanha. Mas o simples fato de se tratar de um grupo tão pequeno, quase diria "seleto", frisa ainda mais o isolamento.

Sim, estou só. Eu vi os homens do meu país passarem pela mais estranha das epopeias, e a minha compreensão do que via continua presa à superfície do acontecido. Estes homens que não queriam ir para a guerra, que não acreditavam no que se dizia das atrocidades do nazismo, que se julgavam vendidos por dólares, lutaram sobre a neve contra um inimigo feroz e eficiente. Lutaram com obstinação, praticaram com a maior naturalidade atos de heroísmo, sem exaltação, sem qualquer entusiasmo, sem compreender por que e para que o faziam. E agora, ao regressar, dissolveram-se novamente na multidão anônima que eu vejo, por exemplo, na Estação D. Pedro II, descer de manhã às carreiras do trem do subúrbio, indo para o trabalho.

Vi-os na hora da expansão e da confissão, e também na hora do carinho, quando reencontraram a família, a namorada. Mas agora não os distingo mais nesta multidão cinzenta que desce do trem.

Outro dia, tive um exemplo flagrante da distância que tornou a separar-nos. O ditador fora deposto, e, de manhã, quando saí à rua, vi tanques, caminhões com soldados, metralhadoras assestadas, canhões. Fiquei perambulando de propósito pela cidade. Os jornais exultavam, os meus colegas da Faculdade queriam soltar foguetes, mas eu vi os homens do povo sombrios, sem um gesto, sem uma palavra. Passavam pelos canhões, pelas metralhadoras, arredavam-se, mas tudo em silêncio.

O que sabemos nós dos seus mitos e esperanças, da sua sabedoria coletiva e da sua ignorância em relação ao nosso mundo? Como é possível vivermos tão próximos e tão separados?

Patrício, com quem convivi um ano e pico, e que continuo a desconhecer, quem és afinal?

MAPA DA FEB NA ITÁLIA
(PRIMEIRO ESCALÃO)

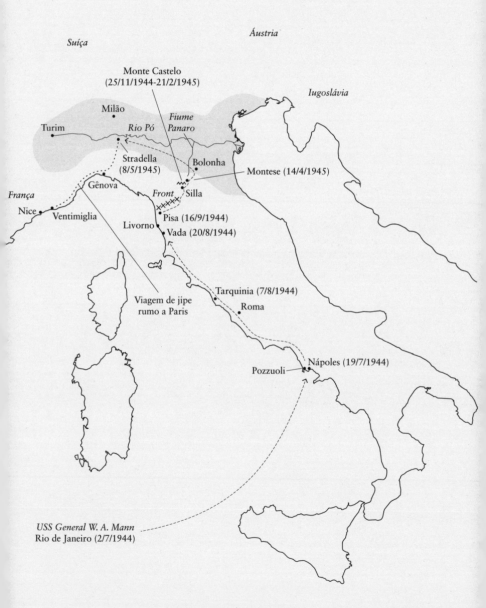

TESTEMUNHO E/OU INVENÇÃO:
A FICÇÃO NECESSÁRIA
DA REAL *GUERRA EM SURDINA*

Miriam Chnaiderman

UM

Cena 1
Fala de Boris Schnaiderman no curta-metragem de Péricles Cavalcanti e Lidia Chaib, *Um espelho russo* (2003):

> Uma criança de sete, oito anos... ninguém solta assim na rua. — E olha que foi depois da guerra civil, eu andava pela cidade toda. — Quando houve a filmagem eu morava em frente da escadaria, eu brincava na escadaria de Odessa, sozinho, eu ia lá, e por acaso eu vi a filmagem, eu me lembro muito bem, eu vi a filmagem, eu me lembro muito bem da cena dos chapéus — de repente eu vi uma multidão e todo mundo vestido com trajes burgueses, pessoas com trajes esquisitos, atirando chapéus para o ar. Não me lembro dos detalhes, não vi quem estava filmando, se eu disser que vi um homem gordo, atarracado, estarei mentindo porque não me lembro.

Boris, aos sete, oito anos, assistiu à filmagem da cena da escadaria de O *Encouraçado Potemkin*, do grandioso Eisenstein.

Cena 2

O menino Boris muda com a família da União Soviética para o Brasil. (Primeiro trauma?) Ele tem oito anos.

Cena 3

A luta de Boris Schnaiderman pela democracia e pela preservação dos direitos humanos é um traço característico de sua vida.

Conforme descrito em *Caderno italiano*, Boris praticamente escolhe ir lutar contra o nazismo, e embarca como pracinha para a Itália. A guerra termina em 1945; a primeira edição de *Guerra em surdina* sai em 1964. Entre a vivência do traumático e a publicação do relato, passam-se dezenove anos.

Cena 4

Assim que consegue recursos, no retorno de uma das viagens de trabalho à então URSS, meu pai finalmente volta à sua querida Itália. Precisa rever as cidades que percorrera na guerra como calculador de tiro. Cidades que tinha visto em ruínas... É imensa a emoção que vive ao percorrer as vielas e igrejas reconstruídas. Numa das viagens, em um ônibus que atravessa a região montanhosa que descreve em *Guerra em surdina*, é reconhecido pelo cobrador.[1]

Cena 5

A cidade universitária é invadida pela polícia em 1969. Buscam alunos declarados "subversivos". Invadem a sala do prof. Boris Schnaiderman. Pedem licença. Fala de Boris: "Licença? É meu giz contra sua metralhadora". Lá vai Boris para o DOPS, o Departamento de Ordem Política e Social. Faz

---

[1] Ver *Caderno italiano*, São Paulo, Perspectiva, 2015, p. 111.

questão de ir atrás, junto com os alunos, e não na cabine dianteira que lhe oferecem. No DOPS, conta para o delegado que foi pracinha e que aprendeu os princípios elaborados por Lincoln, entre os quais, o direito de não ter medo da polícia.

Nesse dia Antonio Candido vem fazer companhia a Regina, minha mãe, até que Boris chegue.

Cena 6

A Polícia à paisana invade nossa casa e examina a estante da sala minuciosamente. Encontra os volumes de *Les communistes*, de Louis Aragon. Boris pega o livro e mostra: "é *roman*, romance em francês". Mesmo assim é obrigado a acompanhá-los. Vai para as dependências recém-inauguradas do que viria a ser a terrível Oban, a Operação Bandeirante. É acareado com um aluno, pois acham que o poeta russo do qual ambos haviam falado, Iessiênin, seria um terrível código subversivo.[2]

Cena 7

Boris filia-se ao Partido dos Trabalhadores, no mesmo momento em que Antonio Candido e muitos intelectuais o faziam. Com o mensalão, desfilia-se.

A política sempre foi central em nossa casa. Durante nossa adolescência, em meados dos anos 1960, em plena ditadura, meu irmão e eu buscávamos formas de militância na

---

[2] Em nota introdutória à poesia de Sierguéi Iessiênin, em *Poesia russa moderna*, ficamos sabendo que Iessiênin casou-se com a bailarina Isadora Duncan em 1922. Mas o matrimônio foi um fracasso. Suicidou-se em 1925, num hotel de Leningrado. Cortou os pulsos e com o sangue escreveu o poema "Até logo, até logo, companheiro", traduzido por Augusto de Campos (ver, de Augusto de Campos, Haroldo de Campos e Boris Schnaiderman, *Poesia russa moderna*, São Paulo, Perspectiva, 2020; 1ª edição: Rio de Janeiro, Civilização Brasileira, 1968).

batalha pela volta da democracia. Meu pai vive junto conosco essa busca. Lê todos os documentos que trazemos para casa... parece que é ele quem quer encontrar algum modo de fazer oposição à cruenta ditadura daquele momento. Meu irmão acaba tendo que se exilar no Chile e vivemos momentos duríssimos, de muito terror. A cumplicidade de meu pai sempre me comoveu.

Cena 8

Julio Cortázar, exilado em Paris, pede ajuda a Boris para encontrar sua mãe e seu irmão no Brasil, pois não podia pisar na Argentina. Meu pai articula esse reencontro. Na sua quase clandestina passagem por São Paulo, assistimos ao show de Maria Bethânia e nos reunimos na casa de Haroldo de Campos.

Foram muitas as figuras que conheci através do meu pai. Assisti às aulas de Roman Jakobson na USP, em 1968, ainda adolescente. Conheci Tzvetan Todorov.

Na minha infância, ganhei uma foto autografada de Iúri Gagárin, pois meu pai foi chamado para ser intérprete do astronauta em sua passagem pelo Brasil. E assisti ao grande ator Nikolai Tcherkássov, de *Aleksandr Niévski*, encenando trechos do filme no antigo Cine Coral. Vi o esforço de Boris para resgatar a dramaticidade de seus gestos na versão para o português.

Cena 9

Boris, já com 96 anos, tendo passado por duas cirurgias para extirpar tumores malignos no intestino, fala do quanto ama o cotidiano que construiu com sua parceira, Jerusa Pires Ferreira. Não quer ir embora. Mas reafirma que quer ser cremado.

DOIS

As muitas geografias de Boris

Boris veio da Rússia com oito anos. Seu português era impecável, embora seu "erre" denunciasse sua estrangeiridade. Quis se naturalizar para poder lutar na Itália contra o fascismo.

O apego de Boris Schnaiderman aos livros era algo que sempre me impressionou. Não podia suportar nenhum fora de lugar. Se alguém tomava emprestado, entrava numa dura dívida. Escrevendo hoje percebo que a pátria de meu pai foi sua biblioteca. Os livros sempre foram seu ancoradouro.

O real contato com a morte de Boris aconteceu quando sua biblioteca foi desmontada, pois com a terrível doença final de Jerusa Pires Ferreira, os filhos tiveram que rapidamente desmontar o apartamento onde estavam os livros. O sofrimento que vivemos ao ver os livros empilhados em um depósito qualquer na avenida Rio Branco é indescritível. Era o nosso chão, a nossa origem, que estavam ali empilhados. Cuidamos como pudemos. Eu, meu irmão Carlos, as netas Luana e Beatriz e os netos Lucas e Jonas. Somos depositários dessa vida intensa construída por Boris querido.

TRÊS

Guerra em surdina no cotidiano

Passei minha infância e adolescência ouvindo da minha mãe que, logo que casaram, meu pai acordava no meio da noite aos gritos: "Recolham os mortos", "Sigamos", "Inimigo à vista" etc.

Sonhar seguidamente com situações vividas na guerra mostra como estava buscando, ativamente, dar conta do que permaneceu em seu mundo interno sem possibilidade de conexão simbólica. O impacto traumático é produzido por uma intensidade irrepresentável. Minha mãe contava que logo que começaram o namoro, meu pai tinha desmaios. Sua pressão baixava, ficava extremamente pálido e, muitas vezes, chegava a desmaiar. Esses sintomas persistiram, com menor intensidade, pela vida afora.

Nasci em 1950. Minhas noites eram embaladas por minha mãe lendo os textos traduzidos enquanto meu pai cotejava com o russo. Meu pai já estava escrevendo *Guerra em surdina*. Foi um sofrimento chegar à forma final. Lembro de conversas sofridas e de meu pai muito tenso. O livro acaba saindo em 1964, ano do terrível golpe de Estado que instaurou a ditadura civil-militar.

Evidentemente, escrever esse livro era um esforço atroz para conseguir instrumentos para lidar com o que vivera como pracinha. Não apenas relatando os fatos, como tantos outros fizeram. A ficção passou a ser a única forma de sair da repetição.

Na guerra vai acontecendo um estado de desapropriação psíquica e afetiva. Os pequenos gestos descritos em *Guerra em surdina* mostram o imenso esforço que os pracinhas faziam para manter algo de próprio: as fotos no bornal, um jogo de palavras cruzadas, um objeto que a cada noite precisa ser cuidado... Se o desamparo inerente a essa situação de guerra chega a triunfar, o risco é o da não-representação. Ou seja, do vazio mortífero.

Hoje, entendo por que Boris Schnaiderman escreveu primeiro *Guerra em surdina* e somente muitos anos depois, já no final de sua vida, o *Caderno italiano*. Só era possível lidar com o traumático acachapante das terríveis imagens que o assolavam, criando alguma ficção.

Escrever *Guerra em surdina* foi o jeito para restabelecer uma subjetividade própria. Os gritos de "Enterrem os mortos" deram lugar a lindas paisagens gorkianas que eu escutava em minha cama, na leitura que minha mãe fazia dos textos traduzidos por meu pai para que ele os cotejasse com o original.

Foi para não sucumbir e ser enterrado junto aos mortos, que Boris Schnaiderman escolheu escrever um romance. Na escrita-escritura (escritura porque fundante) de *Guerra em surdina*, Boris recupera a dignidade. Dignidade que o caracterizou pela vida afora.

Boris Schnaiderman (na primeira fileira, o terceiro a partir da direita) com seus companheiros da FEB, junto a um canhão tomado ao inimigo.

SOBRE O AUTOR

Boris Schnaiderman nasceu em Úman, na Ucrânia, em 1917. Em 1925, aos oito anos de idade, veio com os pais para o Brasil, formando--se posteriormente na Escola Nacional de Agronomia do Rio de Janeiro. Naturalizou-se brasileiro nos anos 1940, tendo sido convocado a lutar na Segunda Guerra Mundial como sargento de artilharia da Força Expedicionária Brasileira — experiência que seria registrada em seu livro de ficção *Guerra em surdina* (escrito no calor da hora, mas finalizado somente em 1964) e no relato autobiográfico *Caderno italiano* (Perspectiva, 2015). Começou a publicar traduções de autores russos em 1944 e a colaborar na imprensa brasileira a partir de 1957. Mesmo sem ter feito formalmente um curso de Letras, foi escolhido para iniciar o curso de Língua e Literatura Russa da Universidade de São Paulo em 1960, instituição onde permaneceu até sua aposentadoria, em 1979, e na qual recebeu o título de Professor Emérito, em 2001.

É considerado um dos maiores tradutores do russo em nossa língua, tanto por suas versões de Dostoiévski — publicadas originalmente nas *Obras completas* do autor lançadas pela José Olympio nos anos 1940, 50 e 60 —, Tolstói, Tchekhov, Púchkin, Górki e outros, quanto pelas traduções de poesia realizadas em parceria com Augusto e Haroldo de Campos (*Maiakóvski: poemas*, 1967, *Poesia russa moderna*, 1968) e Nelson Ascher (*A dama de espadas: prosa e poesia*, de Púchkin, 1999, Prêmio Jabuti de tradução). Publicou também diversos livros de ensaios: *A poética de Maiakóvski através de sua prosa* (Perspectiva, 1971, originalmente sua tese de doutoramento), *Projeções: Rússia/Brasil/Itália* (Perspectiva, 1978), *Dostoiévski prosa poesia* (Perspectiva, 1982, Prêmio Jabuti de ensaio), *Turbilhão e semente: ensaios sobre Dostoiévski e Bakhtin* (Duas Cidades, 1983), *Tolstói: antiarte e rebeldia* (Brasiliense, 1983), *Os escombros e o mito: a cultura e o fim da União Soviética* (Companhia das Letras, 1997) e *Tradução, ato desmedido* (Perspectiva, 2011). Recebeu em 2003 o Prêmio de Tradução da Academia Brasileira de Letras, concedido então pela primeira vez, e em 2007 foi agraciado pelo governo da Rússia com a Medalha Púchkin, em reconhecimento por sua contribuição na divulgação da cultura russa no exterior.

Faleceu em São Paulo, em 2016, aos 99 anos de idade.

ESTE LIVRO FOI COMPOSTO EM SABON,
PELA FRANCIOSI & MALTA, COM CTP
E IMPRESSÃO DA EDIÇÕES LOYOLA EM
PAPEL PÓLEN NATURAL 80 G/M² DA CIA.
SUZANO DE PAPEL E CELULOSE PARA A
EDITORA 34, EM JUNHO DE 2025.